소수의견을 외치는
당신이 세상을 바꾼다

소수의견을
외치는 당신이
세상을 바꾼다

무조건 다수의 편에 서는 당신은 비겁하다!

이케다 기요히코 지음 | 이정은 옮김

흥익출판사

Contents

들어가며_다수결은 위험하다 • 8

Part 1 동조압력은
모든 생물의 숙명이다

01. 생물이 무리 짓고 사는 것은 생존 본능이다 • 22

02. 인간만이 부모를 존중하는 동물이다 • 28

03. 사람은 왜 욕을 할까? • 33

04. 오직 인간만이 목에 떡이 걸려서 죽는다 • 38

05. 왜 고릴라는 가만히 쳐다볼까? • 43

06. 타인의 성행위를 보고 흥분하는 이유 • 46

07. 고등동물만 흉내를 낼 수 있다 • 50

08. 원숭이 세계의 왕이 되기 위해서는 • 54

09. 싫다고 말하는 게 왜 나쁜가 • 60

Part 2 환영받지 못하는 소수의견이
이노베이션을 만들어낸다

10. 왜 소고기는 되고, 개고기는 안 되나 • 66

11. 인간은 뭐든지 먹었기에 번영할 수 있었다 • 71

12. 남들처럼 해서는 기회를 잡지 못한다 • 77

13. 정신장애를 가진 천재가 많았다? • 81

14. 뇌는 초월적인 존재를 믿는 버릇이 있다 • 86

15. 독불장군 괴짜가 새로운 문화를 만든다 • 91

16. 아무도 예측할 수 없어 이노베이션이 일어난다 • 98

17. 원숭이와 인간의 사랑 이야기 • 104

Part 3 다수결이 불러온
        비극들

18. 안전제일주의가 가장 위험하다 • 110

19. 연대 책임은 무책임과 동의어 • 116

20. 돈에 오염된 학자들의 세계 • 124

21. 성과주의가 세상을 망치고 있다 • 129

22. 교육제도를 바꿔도 학생들은 똑똑해지지 않는다 • 135

23. 소수의견이 묵살되는 사회 • 142

24. 다수결이라는 한심한 원칙에 대하여 • 146

25. 집단 시위를 하지 않는 일본인 • 151

26. 악당을 만들고 싶어 하는 사람들 • 156

27. 모두가 같이하면 두렵지 않다 • 160

Part 4 소수의견이
중요한 세상이다

28. 민주주의는 사상 최악의 정치제도 • 166

29. 일본은 미국의 속국인가 • 179

30. 핵무기와 원자력 발전, 무엇이 더 안전할까 • 192

31. 미국이 강한 진짜 이유 • 200

32. 일본이 영토 분쟁을 일삼는 진짜 이유 • 206

33. 글로벌 자본주의에 싸게 팔리는 일본 • 211

34. 지구온난화보다 지구한랭화가 더 두렵다 • 219

닫으면서_ 일본은 최대다수 최대행복을 실현할 수 있을까 • 225

다수결은
위험하다

예스맨들이 조직을 망친다

　오늘의 일본은 '글로벌 자본주의'라는 괴물에 사로잡
힌 가운데, 국민들은 점점 궁핍함에 쫓기고 부는 일부 상류
층에만 집중되고 있다.

　문제는 집권 세력이 이런 현실을 겉으로 드러내지 않
기 위해 신문사나 방송국에 통제를 강화함으로써, 국민들
의 귀에 들어가야 할 정보를 차단하고 있다는 점이다. 그렇
게 대다수 국민이 정치권과 매스컴의 감언이설에 속고 있

는데도 자신들을 궁지로 몰아넣는 현 정권을 지지하고 있
으니 이 얼마나 어리석은 일인가.

이 책은 왜 이런 상황이 일어나는지, 그로부터 벗어나
기 위해서는 어떻게 하면 좋은지를 독자와 함께 생각하자
는 취지에서 집필되었다.

사람들은 왜 뻔히 자신에게 불리한 결정임을 알면서
도 때에 따라서는 찬성의 대열에 서는 것일까? 왜 다수의
의견에 무릎을 꿇고 마는 것일까?

'동조압력同調壓力, Peer pressure'이라는 말이 있다. 이것
은 사회나 학교, 회사 같은 특정한 집단에서 의사를 결정할
때 소수의견을 가진 사람에게 다수의 의견에 맞추라고 암
묵적으로 강요하는 현상을 가리킨다. 소수의견을 가진 사
람에게 입장을 바꾸라고 강제하는 것이니 이는 명백히 압
력인 것이다.

우리들 대부분은 끝내 이 동조압력에 굴복하고 마는
데, 여기에는 외부적인 요건과 함께 생물학적인 요인도 작
용한다고 할 수 있다.

일반적으로 경쟁사회에서는 승자 쪽에 붙는 편이 이

득이 더 많다. 패배하면 목숨을 내놓을 정도로 위험해지는 세상이라면 더욱 그렇다. 가령 정권의 눈 밖에 나면 가차 없이 죽임을 당하는 독재국가에서는 국민들이 불만을 함부로 입 밖으로 내뱉을 수 없다.

이는 언론의 자유가 보장되는 민주주의 국가라고 해도 마찬가지다. 다수결로 모든 것을 결정하는 정치제도가 바로 민주주의이기 때문에 과반수에 속하는 편이 장점도 많고 법률적으로 더 우대받기 때문이다.

그렇기에 개개인의 생존 전략으로는 과반수에 속하는 편이 유리해 보일 수도 있다. 하지만 사회 전체적으로 보면, 동일한 의견을 가진 사람들, 같은 것을 지향하는 사람들만 존재하는 세상 또한 위험하다고 할 수 있다.

사실 인류사회의 미래를 위해 새로운 의견을 내고, 새로운 이상을 추구하면서 앞으로 나아가는 사람들은 이 세상의 모든 소수들이었다. 과학기술 또한 새로운 발상을 전제로 발전된 것이기에 소수의 시도가 없었다면 대다수 사람들은 오늘날처럼 쾌적한 삶을 영위할 수 없었을 것이다.

회사에서도 회사 방침에 반대 의견을 내지 않고 그저 'Yes!'만 남발하는 예스맨이 되는 게 출세는 빠를지 모르나, 그런 사람만 책상을 지키고 있는 곳은 활력을 잃고 혁신적인 것을 생산해내지 못한 채 문 닫을 가능성이 높다.

따라서 사회나 조직이 살아남으려면 소수들을 배제하지 않아야 한다. 소수의견이 빈번하게 도출되고, 주류 세력이 이에 귀를 기울이는 조직에게만이 발전할 수 있는 희망이 있다는 얘기다.

물론 현실 사회에서는 여전히 이를 받아들이지 못하는 곳이 대부분이다. 다양성의 소중함이나 공생공존의 사회에 대해 많은 사람들이 번지르르한 말로 떠들어대고 있지만, 정작 선택을 할 때에는 다수의 편에 서 있다. 다수에 속했을 때 오는 안정감과 이득을 뿌리치기란 쉽지 않기 때문이다.

나에겐 타인을 바보 취급할 권리가 있다

모든 사람들의 권리를 옹호해야 한다는 관점으로 봤을 때, 가장 근원이 되는 사상은 철저한 개인주의를 통해 자유시장의 옹호와 국가 역할의 최소화 등을 내세우는 '리버테리언주의Libertarianism, 자유지상주의'일 것이다.

나는 어쩌면 일본에서도 가장 과격한 리버테리언이라고 생각한다. 과거에 이 주제만으로 책을 한 권 쓴 적이 있을 정도다.

리버테리언주의의 원리를 한 마디로 말하면 이것이다.
"사람들이 자기 자신의 욕망을 개방시킬 자유는 타인이 가진 자의성의 권리를 침해하지 않는 한 최대한 보호되어야 한다. 다만, 이러한 권리는 능동적인 것에 한한다."
간단히 말해 사람은 누구든지 바보처럼 굴 권리, 타인을 사랑할 권리, 타인을 바보 취급할 권리를 가지고 있다는 말이다. 이를 달리 말하자면 사람은 타인에게 사랑받을 권리, 타인에게 칭찬받을 권리, 또는 타인에게 이해받을 권리 같은 건 없다는 것이다.

간혹 나의 진정성을 알아달라거나 나의 본심을 이해해달라며 목소리를 높이는 사람들이 있는데, 그들을 이해할 의무가 있는 사람은 세상에 아무도 없다. 자신의 욕망이 채워지지 않는다고 해도 어쩔 수 없는 일이라고 생각하고 받아들여야 한다.

인간에게는 타인을 동정하거나 공감을 표현하는 능력이 있기 때문에 당신의 요구나 부탁을 들어줄 사람을 어렵지 않게 찾을 수 있을 것이다. 단 그 과정에서 타인에게 이해를 구할 자유는 있어도, 이해해 주기를 강요할 권리는 없다는 점을 기억해야 한다.

반대로 당신이 아무리 불쾌하더라도, 그리고 이해가 불가능하더라도 타인이 가진 자의성의 권리를 방해할 권리는 없다. 예를 들어 안경 쓴 사람을 보는 게 불쾌하다고 해서 안경 착용을 금지하는 법률을 요구하는 게 어리석은 짓인 것처럼, 동성끼리 결혼하는 게 마음에 들지 않는다고 그것을 금하는 법률을 제정하는 것 또한 어리석은 짓이다. 누구와 파트너가 될지는 각자 알아서 판단할 일이지 사회가 통제해서는 안 된다.

누구라도 타인의 삶을 통제하거나 간섭할 권리는 없다. 이것이 바로 리버테리언주의의 근본 원칙이다. 이를 이해하지 못하면 민주주의는 단순히 다수가 소수를 억압하는 제도로 전락해버리고 만다.

다른 한편으로 타인의 다양성과 개성을 존중하기 위해 무조건적으로 상대를 좋게 이해하자고 말하며 이를 양

심적인 태도라고 여기는 경우가 종종 있다. 하지만 이 같은 언행은 오히려 이해가 되지 않을 경우에는 차별해도 상관없다는 생각과 다름없는 위험한 발상이다.

인간의 뇌는 저마다 다르기에 궁극적으로는 타인을 이해할 수가 없다. 다만 이해하는 척할 뿐이다. 더욱이 시시각각 변하는 뇌 때문에 인간은 과거의 자신조차 모두 이해하지 못할 때가 많지 않은가.

무언가를 이해할 수 있거나 혹은 이해할 수 없다고 느껴져도, 우선 자신과 타인이 가진 자의성의 권리를 인정하는 것에서부터 시작해야 한다. 이것만으로도 다수의 사회 속에서 살아가는 여러 소수자의 삶이 조금은 편해질 수 있다.

술도 마음대로 먹지 못하는 세상이 온다

그래서 중요한 것은 바로 국가가 사람들의 삶에 '갑'과 '을'을 정해서는 안 된다는 것이다. 권력이란 본시 사람들의 건강, 안전, 환경을 보호하자는 의미를 갖는데 권력자들은 사람들이 가진 자의성의 권리를 방해하는 법률이나 조례를 너무도 간단히 제정해버리곤 한다.

예를 들면 '건강촉진법'*이라는 어리석은 법률이 대표적이다. 이 법률은 '국민은 건강한 생활 습관의 중요성에 대한 관심과 이해를 높이고, 인생에서 스스로 건강 상태를 자각함과 동시에 건강 증진에 노력해야 한다'는 문장으로 시작된다.

이는 거의 나치 정권의 폭력과 다름이 없다. 건강이란 환상에 지나지 않는 것이어서 몇 개의 문장으로 간단히 정의할 수 있는 게 아니다. 더구나 사람마다 건강에 대한 의미도 다르다.

예를 들어 태어난 지 얼마 안 되는 어린아이나 치매에 걸린 노인은 건강 상태를 스스로 알 리가 없기 때문에 '인생에서 스스로 건강 상태를 자각함과 동시에 건강 증진에 노력해야 한다'는 말은 그들에게 뜬구름 잡는 이야기처럼 들

---

* 한국의 경우 1995년 1월 5일 제정된 법률로 '국민건강증진법'이 있다. '제1조(목적) 이 법은 국민에게 건강에 대한 가치와 책임의식을 함양하도록 건강에 관한 바른 지식을 보급하고 스스로 건강생활을 실천할 수 있는 여건을 조성함으로써 국민의 건강을 증진함을 목적으로 한다'로 시작한다.

릴 뿐이다.

같은 것을 먹더라도 알레르기로 괴로워하는 사람이 있는가 하면 몸 상태가 좋아지는 사람도 있다. 담배를 피우고 싶은 사람이 있는가 하면, 다른 사람이 핀 담배연기조차 들이마시고 싶지 않은 사람도 있다. 이렇게 사람마다 다른 것이다.

이처럼 서로 상이한 사람들이 가진 자의성의 권리가 모두 함께 인정되고 지켜져야 하는데 오늘날 우리가 살고 있는 사회는 다수가 서 있는 쪽의 권리만을 우선시하는 경향이 강하다.

즉 앞서 말했듯이, 민주주의가 소수를 억압하는 제도로 기능하고 있는 것이다. 유감스럽게도 과반수에 속하는 많은 사람들은 이를 알아차리지 못한다. 그러다가 자신이 소수가 되고 나서야 세상이 소수를 차별하는 제도로 넘쳐나고 있음을 알게 된다.

예를 들어 술을 마시는 사람의 비율이 전체 인구의 5퍼센트를 밑돌게 된다면 다수의 의견에 따라 금주령이 발동될지도 모른다. 그럼 술을 마신다는 이유만으로 곧장 감옥에 들어갈 수도 있는 것이다.

그렇게 되지 않기 위해서는 아무리 이해할 수 없더라도 소수자가 가진 자의성의 권리를 옹호하지 않으면 안 된다. 물론 다른 사람이 가진 자의성의 권리를 침해하지 않는 한에서 말이다.

'인정을 베풀면 반드시 자신에게 돌아온다'는 말이 있듯이 소수자들을 옹호하는 일은 결국 자기 자신을 위한 일이 될 것이다. 누구나 항상 과반수에 속해 있을 수만은 없으니 말이다.

글로벌 자본주의로 망해가는 일본

그런데 사람이 자의성의 권리를 행사하면서 자신의 욕망을 이루기 위해서는 여러 가지가 필요하다. 자급자족이 최고라고 말하는 사람들은 제쳐두더라도, 이것들을 손에 넣기 위해서는 돈이 필요하다.

통장잔고가 바닥나서 먹고 살기도 빠듯한 상황에서 자의성의 권리는 그림의 떡에 불과하니 말이다. 바로 이 때문에 소득을 제대로 분배하기 위해서는 어떻게 하면 좋을지가 매우 중요한 사회적 과제로 대두되고 있다.

'글로벌라이제이션Globalization, 세계화'이라는 용어가 있다. 이는 경제 활동에서 국경의 개념이 무너진 오늘날, 경제 활동 무대를 특정한 나라에 국한하지 않고 세계 시장을 대상으로 경영하는 것을 말한다.

그러나 이 개념의 실질적인 의미는 국민과 국가를 해체해서 글로벌 자본주의의 대표주자인 다국적 기업에 팔아넘기는 것이다. 그 결과로 소득 격차는 갈수록 심해지고, 몇 퍼센트의 부자와 대다수 가난한 자로 양분된 사회가 세계 각국에 늘어나고 있다.

일본도 예외가 아니다. 아니 예외는커녕 일본 정부는 글로벌 자본주의의 앞잡이가 되어가고 있으니 그럴 확률이 가장 높은 나라다.

오늘날 일본의 정치를 쥐락펴락하는 자들은 다국적 기업에 일본을 팔아넘기기 위해, 그를 통해 더 강대한 권력을 움켜쥐기 위해, 국가 위기를 부추기는 데 여념이 없다. 회사가 망할 것 같다며 종업원들의 위기감을 자극해 급여를 삭감하고, 경영진의 배만 채우다 보면 최후에는 회사가 망하고 말 것이다. 지금 일본이 바로 이 꼴이다.

그렇다면 어떻게 해야 좋을까? 가장 좋은 대안은 인구를 절반으로 줄이는 것이다. 인구를 늘려야 한다는 얘기는 값싼 노동력이 필요한 글로벌 자본주의의 주장일 뿐이다.

생태학적으로 볼 때 같은 자원량이라도 인구가 절반이 되면 1인당 자원량이 2배가 되기 때문에 인구가 줄어드는 편이 분명히 좋다고 할 수 있다. 그렇게 되면 기본적인 생활 소득은 물론이고 국민 모두에게 돈을 균등하게 지급할 수 있게 되는 일도 가능하다. 물론 내가 살아 있는 한은 어렵겠지만 말이다.

Part 1

동조압력은
모든 생물의 숙명이다

현재 우리 사회는 다수결의 원칙에 따라 한 명이라도 많은 쪽의 의견을 관철한다. 그런데 왜 우리는 다수의 의견에, 동조압력에 굴복하고 마는 것일까? 여기에는 외부적인 요건뿐 아니라 생물학적인 요인도 작용하는 것은 아닐까?

01

생물이
무리 짓고 사는 것은
생존 본능이다

새들이 일제히 무리 지어 날아가는 이유

생물은 기본적으로 무리 지어 생활하는 습성이 있다. 오직, 살아남기 위해서다. 예를 들어 새들이 무리 지어 날아갈 때 한 마리가 급히 하강을 하기 시작하면 다른 새들도 일제히 그 뒤를 따른다. 천적인 매가 노리고 있다는 사실을 앞장서서 하강하던 새가 알아차렸기 때문이다.

무리가 하강하지 않은 채 그대로 날아가게 되면 그 중 한 마리는 매의 먹잇감이 되어버릴지 모른다. 그래서 새들은 무리 중에 한 마리라도 위험을 감지해서 다른 방향으로 날아가면 다른 새들도 동조해서 따르도록 본능적으로 프로그래밍 되어 있다.

새들만 그런 게 아니다. 초식동물도 사자 같은 맹수가 공격해올 때 무리에서 떨어져 있으면 잡아먹힐 확률이 커진다. 사자는 무리로부터 낙오한 한 마리의 개체만을 노리기 때문이다. 그래서 되도록이면 무리의 중심부에 있는 편이 안전하다.

이러한 생활 습성은 포유류와 조류만이 아니라 어류에게서도 볼 수 있다. 무리 지어 생활하는 동물들은 본능적으로 동료에게 동조해야 살아남을 확률이 높다는 사실을 알고 있는 것이다.

인간도 동물이기에 기본적으로 동료와 집단적으로 생활하도록 프로그래밍 되어 있다. 인류의 기원이 탄생한 때는 250만 년 정도 전이고, 현생 인류인 호모 사피엔스가 탄생한 때는 겨우 16만 년 전이다.

이들은 불과 몇십 명부터 100여 명 정도의 인원으로 소집단을 결성해서 수렵채집 생활을 하며 지냈는데, 이 집단을 인류학 용어로 '밴드Band'라 부른다.

밴드는 혈연관계가 기본이 되는 집단으로, 현재도 아프리카의 피그미족Pygmies* 같은 부족은 수만 년 전과 동일하게 밴드를 기본으로 한 생활양식을 유지하고 있다. 이들 밴드에는 각각 수장이 있는 경우가 많고, 그 안에 속한 구성원들 대부분은 평등하며 다른 밴드의 구성원과는 행동을 같이하지 않는 게 일반적이다.

다만 소집단 안에서 근친혼을 반복하다 보니 유전자 질환이 증가하는 등의 문제가 생기게 되었다. 바로 이 때문에 인간은 타 집단과의 혼인을 통해 다른 밴드와의 교류를 넓히며 사회를 만들어왔던 것이다.

수렵채집 생활이 중심인 구석기시대가 지나고 약 1만 년 전부터 농경목축 생활을 시작한 인류는 자연스럽게 밭이나 목초지를 관리하기 위해 한 장소에서 기거하게 되었다. 혈연관계에 있는 사람들 간의 결혼은 아마 이 무렵부터

---

* 피그미족은 아프리카의 부룬디, 카메룬, 콩고, 가봉, 르완다 등지에 사는 종족으로 신장이 120센티미터에서 140센티미터로 매우 작은 것이 특징이다.

금지된 것으로 보인다. 추측건대 부모 자식, 형제 자매와 같은 가까운 관계의 친족과는 결혼을 피하면서, 동시에 씨족 집단의 폐쇄성을 타파하기 위한 나름의 결혼 규칙이 정해지기 시작했을 것이다.

프랑스 문화인류학자 클로드 레비 스트로스Claude Lévi-Strauss가 호주나 브라질 등에 산재한 여러 부족사회의 혼인 관계를 관찰하다가 발견한 특징 중 하나도 '근친혼'이었다.
단, 그곳의 근친혼 사회에도 남자가 어머니 쪽 자매의 딸과 결혼하거나 여자가 아버지 쪽의 형제의 아들과 결혼해야 한다는 규칙이 세워져 있었다.

하지만 그러한 발견이 있었어도 실제로 선사시대에서 50명이나 100명 정도 규모의 밴드에서 어떤 혼인이 이루어졌는지는 정확하게 알 수가 없다. 문자가 없었던 시대기에 어떠한 기록도 남아 있지 않기 때문이다.
그래도 확실한 것은 유사 이전의 인류들이 한곳에 모여 살았고, 이 때문에 포식동물의 공격에서 벗어나 무사히 생존할 수 있었다는 사실이다. 인간은 예상치 못한 위험이 생길 때를 대비해서 집단을 이루고, 동료에게 동조해왔다.

수많은 경험을 통해 그 편이 살아남을 확률이 높다는 점을 학습해왔던 것이다.

사자는 마사이족을 보면 황급히 도망친다

인간은 단독으로 행동하다 보면 생존율이 낮아질 수밖에 없다. 한 사람이 큰 동물에게 공격을 당하면 대항하기 어렵다. 그러나 2, 30명이 모이면 몽둥이나 창을 들고 함께 맞설 수 있어서 인간보다 훨씬 덩치가 큰 코끼리나 날카로운 발톱과 뿔을 가진 맹수도 쓰러뜨릴 수 있다.

사자나 호랑이 같은 강력한 포식동물도 수십 명의 사람에게 동시에 공격을 받는다면 결코 이길 수 없을 것이다. 그렇게 집단으로 싸움을 하는 인간의 무서움을 학습한 야생동물들은 인간에 대한 공격에 신중을 기하게 되었다.

지금도 아프리카의 사자는 창을 들고 서 있는 마사이족을 발견하면 슬금슬금 도망친다. 마사이족 남자들은 오래전부터 사자를 잡는 행위를 성인이 되기 위한 통과의례로 삼아왔다. 특히 그들은 자기들이 기르는 소를 죽인 사자는 절대 용서하지 않는다.

가축의 고기 맛을 본 사자를 그냥 놔두면 피해가 더 커지기 때문에 반드시 찾아내어 끝장을 내버린다. 그래서 사자들은 마사이족의 가축을 함부로 공격하는 일이 거의 없다고 한다.

결국 인류는 사냥을 하거나 야생동물로부터 몸을 지키면서 생존하기 위해 집단생활을 해왔고, 그런 습성이 오늘날까지도 이어지고 있는 것이다.

원시생활을 유지하는 마사이족이 동조압력의 특징을 고스란히 간직하고 있는 모습은 인간을 포함한 모든 동물들의 생물학적 특징은 좀체 변하지 않는다는 걸 보여주고 있는 증거가 아닐까 한다.

02

인간만이
부모를 존중하는
동물이다

유전자 보전을 위한 이기주의

"문자를 보냈으니 답장을 해줘."

"모두를 위해 좋다고 생각한 건데……."

"도움을 줬으니 감사한 마음을 표시하는 건 당연하잖아."

"당신을 위해 노력했다는 걸 인정해주세요."

이 책을 읽는 독자들 중에는 위와 같은 말을 듣고 불쾌한 기분을 느꼈던 적이 있을 것이다. 사실 그렇다. 이런 말들은 정말 짜증난다.

더 짜증나는 일은 이런 말의 대부분이 '너를 위해서', 또는 '너를 생각해서'라는, 언뜻 보면 선의라는 명목으로 한 말이라는 점이다. 사람들은 도대체 왜 타인에게 이처럼 쓸데없는 참견이라는, 일종의 압력을 가하는 것일까?

사람들이 타인에게 뭔가를 해주는 것은 장기적으로 보면 보답을 기대하기 때문이라는 설이 있다. 즉 타인을 위해 행동하는 것처럼 보여도 결국은 자신의 이익을 위한 것이라는 뜻이다. 이를 생물학에서는 '호혜적 이타주의'라고 부른다.

"내가 이렇게 좋아하는데, 왜 너는 나를 좋아하지 않는 거야?"

드라마에서 흔히 하는 말이다. 이렇게 불만을 토로하는 것도 생물의 본능에 스며든 호혜적 이타주의가 발휘되었기 때문이라고 보면 이해할 수 있는 심리다.

스토커 범죄의 가해자는 자신에게서 떠나려는 예전 애인에게 "내가 준 선물이나 돈은 전부 돌려주고 가!" 같은 협박을 한다는데, 이것도 그들이 호혜적 이타주의를 따라 행동했다고 생각하면 예상하지 못할 일도 아니다.

동물의 행동도 겉으로는 이타적으로 보이지만 사실은 자신만을 위해서 하는 행동이 많다. 예를 들어 동물이 자식을 구하기 위해 목숨을 거는 행위를 생물학적으로 설명하면 자신의 유전자를 남기고 싶은 욕구에서 비롯되었다고 이해할 수 있다. 다른 자식과 내 자식이 똑같은 위기상황에 처했을 때, 자기 자식을 우선으로 구하는 것을 보면 알 수 있다.

어떤 새들은 새끼가 뱀 같은 짐승에게 공격을 당하면 스스로 미끼가 되어 몸을 내던져서라도 새끼를 지켜내는 행동을 보인다. 이는 이타주의라기보다는 유전자 보전을 위한 이기주의라고 볼 수 있다.

부모가 죽어도 유전자의 존속과는 관계없다

동물들이 무리 지어 사는 것은 자신의 목숨을 지키기 위함과 동시에 자식들의 생존율을 높이기 위한 행동이다. 코끼리는 새끼를 무리 속에서 보호하며 키운다. 이처럼 무리 지어 사는 포유류들은 어미가 중심이 되어 새끼를 기르는 모계사회의 특성을 보이는데 이는 포유류가 모유로 자식을 기르기 때문에 어미가 중심이 되지 않으면 안 되기 때문이다.

알을 낳는 대부분의 새들은 수컷이 협력해서 새끼를 기른다. 다만 새들은 새끼를 기르는 중에 교미를 하는 습성이 있어 무리를 만들지 않는 것이 보편적이다.

인간도 고릴라도 DNA검사를 하지 않으면 정확한 아비가 누구인지 알 수 없는데, 인간은 적어도 아이가 자신의 자식이라고 믿으며 육아를 돕는 게 보편적이다.

예전에 읽은 만화에서 입만 열면 "아이가 당신을 쏙 닮았다"고 말하는 아내를 잠자코 지켜보던 남편이 '그렇게 말하는 사람은 당신뿐'이라고 혼잣말을 하는 장면을 보고 웃었던 적이 있다.

코끼리나 사자 같은 동물은 자신의 자식들뿐만이 아니라 무리의 동료를 구하기도 하는데, 아마도 도움을 준 다른 개체가 다음에 자신이 위기에 빠졌을 때 도움을 줄 거라고 기대하기 때문일 것이다.

동물들에게는 기본적으로 보답을 전혀 기대하지 않고 하는 행동이 존재하지 않는다. 인간도 예외가 될 수는 없다. 상대방을 위해 일한다고 하지만 결국엔 자신을 위해 행동하는 것이다.

특히 인간사회에서는 자신과 관계 없는 사람을 도와주면 주변의 칭찬을 받는데, 이는 그렇게 하는 사람이 매우 드물기 때문이다. 마더 테레사 수녀처럼 박애주의자가 존경받는 것도 그 때문이다. 다시 말해, 인간은 원래 타인을 위해서는 아무것도 하지 않는 게 오히려 일반적이라는 것이다.

자신의 자식을 소중히 여기는 행동은 자식을 통해 자손을 남길 수 있기 때문으로, 유전자 보존의 관점에서 생각하면 당연한 일이다. 그러나 언젠가는 죽는 부모는 자신의 유전자를 존속시키는 일과는 더 이상 관계가 없기 때문에, 동물은 자신의 새끼는 목숨 걸고 지켜도 부모를 목숨 걸고 지키려고 하지 않는다.

지구상의 모든 동물 중에서 오로지 인간만이 도덕적으로 부모를 소중히 여겨야 한다는 규칙을 정해놓고 있다. 유교에서 노인을 공경하라고 가르치는 것은 그냥 놔두면 아무도 노인을 돌보지 않으려고 하기 때문에 일부러 그렇게 말하는 것일지도 모른다. 그런 개념들이 모여 동조압력이 되어 사람들의 마음속에 도사리고 있는 덕분에 부모 존중의 전통이 오늘날까지 강하게 이어지고 있는 것이다.

03

사람은
왜 욕을 할까?

네가 낮아지면, 나는 올라간다

내 직장은 비교적 자유로운 분위기를 가진 대학이기 때문에 주위의 동조압력에 저항을 하거나 나하고는 관계 없다는 식으로 행동해도 해고될 걱정이 없다. 나 또한 애써 출세할 생각도 없기 때문에 권력 다툼에 끼어드는 일 없이 평온하게 지내왔다.

그래서 그동안 대학에서 눈치 보지 않고 소신껏 발언하고 행동해왔다. 그렇기에 '내가 살아 있는 동안에 절대

저 인간을 교수로 여기지 않을 것'이라며 욕을 하는 사람들도 분명히 있었을 것이다.

실제로 나보다 조금 나이 어린 괴짜 조교수가 있었는데, 말을 거칠게 내뱉는 버릇이 있었다. 선배 교수 한 사람이 그가 마음에 안 들었는지 "내가 살아 있는 동안에는 저 녀석을 절대로 교수 자리에 앉히지 않겠다!"고 호언장담하며 욕설을 내뱉는 걸 본 적이 있다. 물론 그 사람은 선배 교수가 살아 있는 동안에 별 문제없이 교수가 되었다.

최근 인터넷에 누군가 익명으로 나를 가리켜 연구 보조금조차 받지 못하는 삼류 교수라고 비방하는 글을 보았다. 나는 30년 전부터 정부에 연구 보조금을 지원해달라고 신청한 적이 한 번도 없었기 때문에 당연히 받을 일이 없는데도 말이다.

주로 곤충채집을 하거나 현미경으로 생물의 생태를 들여다보는 나의 연구 활동은 돈이 거의 들지 않는다. 따라서 연구 보조금 같은 귀찮은 지원을 받을 필요가 없었다. 돈이 필요하면 TV에 출연하든지 글을 쓰든지 해서 스스로 버는 편이 편하고 더 빠르다. 어차피 정부의 연구 보조금도 세금이니, 나는 오히려 연구비를 지원받지 않고 자력으로 연구를 해나가는 교수들이야말로 진정한 애국자들이라고 생각한다.

어찌 되었든 타인을 욕하는 것은 인간의 생리적 행동 중 하나이기 때문에 차단하기가 어렵다. 그럼 왜 사람들은 욕을 하는 것일까? 이를 생물학적 관점에서 보자면 상대의 지위를 낮추고, 자신은 높이고 싶기 때문이다.

작은 집단 속에서 상대방의 지위가 낮아지면 상대적으로 자기의 지위가 올라가서 먹이를 손에 넣거나 좋은 잠자리를 정하는 게 유리해지고, 그러면 살아남을 확률이 높아진다.

특히 자신을 앞에 드러내지 않아도 상대방이 낮아지면 나 자신은 올라가게 되기 때문에, 사람들은 익명으로 욕을 하거나 타인을 멸시하는 데 거침이 없다.

더구나 익명으로 하면 자신에게 불리한 상황이 생길 확률이 적기 때문에 편하다. 사실 이 전략은 확실한 경쟁자가 있을 때 더 큰 효과를 얻는다. 국회의원 선거 중에 운동원들에 의해 괴문서가 나도는 이유도 경쟁하는 후보에게 상처를 입혀 그의 평판을 떨어뜨리고, 내가 지지하는 후보자의 지위를 상대적으로 높이기 위해서다.

다만, 이 전략은 경쟁 상대가 소수일 때만 성립한다. 반대로 이야기하면, 경쟁 상대가 많을수록 특정 인물에 대한 욕은 큰 의미가 없다는 뜻이다. 불특정 다수 속에서 특정 인물을 헐뜯는다고 해도 자신의 지위가 오를 일은 없으니 말이다.

누구나 자기 의견을 말하는 시대

오늘을 살아가는 모든 인간의 머릿속에는 수만 년 이상 시간이 흘렀어도 수십 명이 집단을 이루며 살던 시대의 기억이 남아 있는 듯하다. 그때 학습한 '나의 지위를 높이기 위한 지혜'가 행동 패턴으로 자주 나타나기 때문이다.

하지만 글로벌 세상에서 이 전략은 무의미하다. 인터넷의 익명 게시판에는 타인에 대한 비방과 욕설을 남발하는 사람들이 많은데, 앞서도 말했지만 경쟁 상대가 많은 세상에서는 전혀 통하지 않는 쓸데없는 행동이다.

그렇다는 것은 익명 게시판에다 욕설을 늘어놔봐야 스트레스 해소 내지는 카타르시스 정도밖에 안 된다는 것이다. 그러니 어차피 욕을 한다면 익명이 아니라 당당히 실명으로 글을 써서 '이 사람, 참 재미있는 말을 하네!'라고 생각하게 만드는 편이 낫다. 그러면 '이 글 참 재미있다'며 다른 사람에게 추천하거나 돈이 되는 일을 제안하는 사람들을 만날 수도 있다.

한 인터넷 사이트의 익명 게시판에서 이따금 나에 대한 욕이 돌아다니는 걸 볼 때가 있다. 그러면 나는 '아, 이런 식으로 욕을 하는구나', '내 말이 이런 식으로 받아들여지는구나' 하고 재미있게 느껴 가끔은 그 표현들을 에세이에 사용하곤 하는데, 그러고 보면 나한테는 참 이득이 되는 욕이라고 할 수 있겠다.

익명으로 내뱉는 욕은 더 이상 욕을 하는 본인에게 유효한 기능을 발휘하지 못한 채 단순한 자위행위가 되어버린다. 어느 평론가는 인터넷 시대의 최대 특징을 두고 "아무나 의견을 말하게 되었다"고 했다.

물론 누구에게나 의견을 말할 자유는 있다. 단, 그와 동시에 나에게는 아무한테나 함부로 욕을 해대며 동조세력을 얻으려는 사람들을 경멸할 자유도 있다.

04

오직 인간만이
목에 떡이 걸려서
죽는다

사람과 침팬지의 DNA는 99퍼센트 똑같다

인간의 진화 계통을 역추적해서 계속 거슬러 올라가면 바다 속에 사는 플랑크톤을 여과해서 먹는 부유성 멍게같은 살파류Salpa에 도달한다.

인간의 선조가 멍게에 가깝다고 하면 농담하지 말라고 할 것이다. 하지만 살파류를 선조로 하는 동물은 모두 척삭脊索이라고 불리는 기관을 가져서, 그것이 진화 과정에서 척추를 가진 물고기로 변화하고 그런 후에 양생류에서

파충류로, 다시 포유류로 진화해 온 것이다.

그렇게 진화 과정을 추적하다 보면 사람과 침팬지의 선조가 700만 년 정도 전까지는 같았음을 알 수 있다. 생물의 역사를 38억 년이라고 봤을 때 이는 매우 최근이라고 할 수 있다.

그 증거로 침팬지와 인간의 DNA는 99퍼센트에 가깝게 일치한다. 그런데 DNA만 보면 거의 같다고 해도 될 만한 침팬지와 인간은 왜 이렇게 다를까? 그 해답의 힌트가 바로 '언어'다.

2001년 영국의 과학 잡지 〈네이처〉에 'FOXP2Forkhead box protein P2'라 불리는 유전자를 발견했다는 논문이 게재되었다. FOXP2는 포유류라면 거의 가지고 있고, 대부분 같은 구조로 되어 있다. 인간과 침팬지는 2개의 아미노산에, 쥐와는 3개의 아미노산에 차이가 있을 뿐이다.

새에게도 이 유전자가 있는데, 그것을 최대한 억제시켜 길러 낸 새는 제대로 지저귈 수 없다고 한다. 유럽에서는 태어날 때부터 그 유전자에 문제가 있는 가계家系가 발견되었는데, 그 가계에 속한 사람들에게는 아주 높은 확률로 언어기능 장애가 발생한다는 사실이 밝혀졌다. FOXP2가 언어와 밀접하게 관련있는 유전자라는 결론이다.

학자들 중에는 사람과 원숭이를 구분 짓는 데 이런 유전자 변화가 결정적이라고 주장하는 사람들도 있다. 하지만 FOXP2의 미세한 차이가 인간에게 언어를 갖게 만든 궁극적인 원인인지는 아직 명확하게 밝혀지지 않았다.

동물은 후두의 위치에 따라 언어에 해당하는 소리로 커뮤니케이션을 할 수 있을지 여부가 결정된다. 침팬지는 후두가 높은 곳에 위치하고 있기 때문에 폐에서 내뱉는 숨을 입으로 강하게 내보낼 수 없다.

그런데 인간은 후두가 낮은 곳에 위치하여 말을 할 수 있게 되었다. 하지만 여기에도 약점은 있다. 목에서 기도와 식도가 교차하고 있기 때문에 자칫 잘못하면 음식물이 기관에 들어가 폐렴에 걸리거나 혹은 목에 걸려 질식사할 위험을 안게 된 것이다. 다시 말해, 인간은 목에 떡이 걸려 목숨을 잃는 위험을 감수하더라도 말을 할 수 있는 쪽을 선택했던 것이다.

목소리는 생존 전략의 하나다

35만 년 전 유럽에 나타나 대략 24,000년 전까지 살았던 네안데르탈인은 후두의 위치가 현생 인류인 호모 사피엔스보다 높았다. 그런 이유로 네안데르탈인은 말을 할 수 없었던 게 아니냐고 말하는 학자들도 있다.

그런데 그들이 혀를 움직이는 근육인 '설골'과 연결된 뼈가 현생 인류와 비슷한 구조를 갖고 있었다는 게 밝혀지며, 그들이 '칫, 칫'하며 혀를 차는 듯한 방식으로 대화를 나눴을 것이라는 설도 제기되었다.

지금도 아프리카에는 성대를 주로 사용하지 않고 '춧, 춧'과 같이 침을 뱉는 듯한 소리로 말하는 부족이 있다. 성대가 아닌 입에서 나오는 소리만으로는 아무래도 음향이 크지 않기 때문에 그들은 들릴 만한 거리에서만 언어를 주고받을 수 있다.

이로 인해 문제가 되는 것은 외부에서 적이 쳐들어왔을 때다. 그들이 아무리 멀리서 다가오는 사자를 발견했다고 하더라도, 동료에게 위험하니 빨리 도망치라고 소리칠 수가 없다.

반면에 큰 소리로 커뮤니케이션을 할 수 있게 된 인간은 사냥감을 발견하면 재빨리 "저쪽에 사슴 무리가 있다!"고 알리거나 녀석들을 잡을 공격 방법을 전달할 수 있게 되었다. 그런 능력은 수렵채집 생활에 분명 큰 도움을 주었을 것이다.

　　인간이 음성언어로 복잡한 정보 교환이나 소통이 가능하게 된 것은 생존률을 높이고, 인류사회의 구조를 변혁시키는 결정적인 계기가 되었다. 인간이 만물의 영장을 자부하며 세상을 지배하게 된 데는 다양한 언어 표현이 무기가 되었던 것이다.

05

왜 고릴라는
가만히 쳐다볼까?

언어가 없는 커뮤니케이션은 가능한가

인간은 언어를 습득함으로써 아무리 복잡한 커뮤니케이션이라도 쉽게 해낼 수 있게 되었지만, 바로 그 때문에 표정만으로 상대의 감정을 읽어내는 건 무척 서툴다고 할 수 있다.

영장류 학자이자 교토대학 학장인 야마기와 주이치山極寿— 교수는 오랜 기간 고릴라 무리와 함께 행동하면서 그들의 소통 방법을 관찰했다.

야마기와 교수에 의하면, 고릴라는 누군가와 마주치면 무조건 상대방의 얼굴을 가만히 쳐다본다고 한다. 고릴라는 말을 할 수 없으니 시선을 마주쳐서 상대의 표정을 읽어내면서 소통을 한다는 게 야마기와 교수의 판단이다.

얼굴 표정을 움직여 자기표현을 하는 건 후천적으로 학습하는 것이다. 한쪽 얼굴만으로 웃으면 상대방에게 비웃고 있다는 인상을 주는데, 이런 표정을 어릴 때는 만들 수 없다. 아이들은 좌우의 얼굴 근육을 자유자재로 움직이는 데 익숙하지 않기 때문이다.

포유류의 팔이나 발의 근육은 뼈와 뼈를 연결하고 있기 때문에 손 근육으로 손바닥의 피부를 따로 움직이지는 못한다. 오직 얼굴 근육만이 피부와 뼈를 연결하고 있기 때문에 피부를 따로 움직여서 공포나 분노의 표정을 나타낼 수 있다.

개도 인간에게 동조한다

모든 동물 중에서 웃을 수 있는 건 단지 인간뿐이라고

하는데, 애견가들은 "우리 집 개한테서 분명히 기뻐하는 듯한 얼굴을 본 적이 있다"고 종종 얘기한다.

확실히 개나 고양이에게도 감정이 있다는 생각이 들 때가 있고, 주인의 표정을 읽어낸다고 느껴질 때가 있다. 이는 개나 고양이가 사람의 말을 들을 때 단어의 의미는 알지 못하더라도 목소리나 동작, 얼굴 표정, 냄새 등으로 사람의 감정을 읽어내기 때문이다.

특히 사람의 손에서 길러진 애완동물은 사람의 감정을 읽는 능력이 탁월하다. 애완견은 한순간에 '이 사람이 나를 적으로 여기는구나'라고 판단을 내리기도 하고, 발자국 소리만 들어도 주인임을 알고 기뻐서 날뛰기도 한다.

나의 지인 중에는 조금 특이한 사람이 있는데, 그 사람 앞에만 있으면 어떤 개라도 기뻐서 어쩔 줄 몰라한다. 내가 다가가면 사납게 짖는데, 그 사람 앞에서는 태도가 돌변해서 꼬리를 흔들며 온몸으로 기쁨을 표현한다. 그에게서 개를 기쁘게 만드는 신경물질이라도 나오는 게 아닐까 생각될 정도다. 이는 개가 '이 사람은 나의 동료'라고 판단을 내려 말하는 것으로, 인간처럼 동물도 동료에 대한 동조를 적극적으로 표현할 수 있다는 사실을 엿볼 수 있다.

06

타인의
성행위를 보고
흥분하는 이유

미야자와 리에의 누드사진집이 150만 부나 팔린 이유

1996년 이탈리아 파르마대학의 저명한 신경심리학자인 자코모 리촐라티Giacomo Rizzolatti 박사가 이끄는 연구팀은 '거울 뉴런Mirror neurons'이라고 명명한 뇌 내의 신경세포를 발견했다.

연구자들은 짧은꼬리원숭이의 뇌에 전극을 꽂아서 전두엽의 신경세포 활동을 측정하는 실험을 했다. 이때 연구원 한 사람이 젤라토를 원숭이 앞에서 핥아먹자 원숭이의 뇌에 꽂혀 있던 전극이 격하게 반응했다.

이에 연구자가 원숭이에게도 젤라토를 먹여보니 같은 부위에서 동일한 반응이 나타났는데, 젤라토를 그냥 보여주는 것만으로는 같은 반응이 일어나지 않았다.

즉, 사람이 젤라토를 먹는 모습을 보았을 때 반응했던 뇌의 신경세포와 그것을 실제로 먹었을 때 반응한 뇌의 신경세포는 같다는 것이다.

거울 뉴런은 인간에게도 있다. TV의 코미디 프로그램에서 동시에 관객들이 웃음을 터뜨리면 나도 덩달아 즐거운 기분이 된다. 대학 수업에서도 교수가 즐거운 듯이 강의하면 학생들도 즐거운 기분이 되지만 찡그린 얼굴로 지겹다는 듯이 말하면 학생들의 기분까지 가라앉게 된다. 이런 것들도 거울 뉴런이 일으키는 현상이라고 볼 수 있다.

더 간단한 예로 포르노 영화가 있다. 포르노 잡지나 포르노 영화에는 타인의 성행위가 나온다. 그것을 보는 대다수 남자들은 흥분을 하게 되는데, 자신의 몸으로 직접 행하는 것도 아닌데 왜 그런 반응을 보이는 것일까? 이는 뇌 안에서 타인의 성행위가 마치 자신의 일처럼 판단되어 대리

체험이 일어나기 때문이다.

또한 포르노를 보고 흥분하는 사람들은 벌거벗은 여성의 은밀한 곳을 눈여겨보는 게 아니다. 좋은 예가 있다. 꽤 오래전 이야기지만 여배우 미야자와 리에宮沢りえ가 10대 시절에 누드사진집을 낸 적이 있는데 150만 부 이상이나 팔릴 정도로 큰 인기를 끌었다.

인기 절정의 어린 여배우가 실오라기 하나 걸치지 않고 요염한 자세를 취하고 있다고 해서 살짝 엿보려고 그토록 많은 남자들이 서점에 줄을 섰다는 것인데, 그들은 어디까지나 미야자와 리에의 누드라는 '게슈탈트Gestalt'*에 매력을 느꼈을 뿐이지 미야자와 리에의 가슴이나 은밀한 부분 자체에 흥분하고 있었던 건 아니라고 할 수 있다.

만약 특정 부분을 과장되게 확대해서 보여주는 사진집이 있더라도 그저 괴상하게 보일 뿐 절대 팔리지 않았을 것이다. 독자들은 어디까지나 미야자와 리에의 누드라는 게슈탈트에 흥분했을 뿐이다.

---

* 모습이나 체구 등을 일컫는 말로 심리학에서는 통합 형상, 또는 상태를 뜻한다.

인간을 포함한 고등동물의 뇌는 상황에 대응하여 감정을 갖게 된다. 어떤 대상을 보면 그것을 자기 나름대로 해석하고 자신의 몸으로 치환해서 상상력을 발휘하는데, 바로 그때 마음이 움직이게 되고 그 과정에서 거울 뉴런이 중요한 역할을 하는 것이다.

미야자와 리에의 누드사진집이 기록적인 베스트셀러가 된 데는 또 다른 이유가 있다. 바로 동조압력이다. 처음엔 별로 관심이 없던 독자들도 다수의 사람들이 서점으로 앞다투어 달려가자, '그 책을 사야 하는 건가'하며 무언의 압력을 느꼈을지 모른다. 그 책을 읽지 않으면 시대의 흐름에 뒤떨어지거나 최신 트렌드에 동참하지 못할 것 같은 생각에 점차 사로잡히게 되는 것이다.

이러한 면에서 동조압력은 패션이나 대중가요, 영화, 유행어 등이 사회적으로 크게 번져 나가는 이유이기도 하다. 대세를 이루는 흐름에 동참하고 싶은 많은 사람들의 행동이 모여 베스트셀러를 만든다는 얘기다. 오늘을 사는 우리 모두는 미처 인식하지 못했을 뿐이지 알게 모르게 동조압력에 가담해왔던 것이다.

07

고등동물만
흉내를 낼 수 있다

원어민 영어를 목표한다면 7세 이전에

언어의 습득도 거울 뉴런과 관련이 있다. 벌레처럼 몸 구조가 단순한 하등동물은 생물학적으로 프로그래밍이 된 행동만 하면서 종을 유지해 나간다.

하지만 인간처럼 복잡한 체제를 갖춘 고등동물은 후천적인 자극으로 유전자를 활성화해서 상황에 따라 행동할 수 있다. 특히 거울 뉴런 같은 장치를 통해 타인의 행동을 흉내 내어 동조하는 등 동료들과 어려움없이 어울릴 수 있다.

언어를 습득하는 것에는 언제까지 학습하지 않으면 평생 할 수 없다는 한계 시기가 있다. 이를 '임계기臨界期'라 부르는데, 이는 동물의 발달 과정에서 적절한 자극을 주면 반응이 확립되어 이후의 발달에 유리하게 작용하는 시기를 말한다.

교육학자들은 언어 습득의 임계기를 7세부터 8세 정도까지라고 본다. 이 연령대까지 어떤 언어를 습득하면 원어민처럼 말할 수 있지만, 그 후에는 아무리 많은 시간을 들여 학습을 해도 원어민처럼 말하는 건 거의 불가능하다고 한다.

미국의 전 국무장관 헨리 키신저Henry Kissinger는 사투리 짙은 독일어를 섞어서 영어를 구사하는 것으로 유명했다. 하지만 그의 동생은 완벽한 영어를 구사했다. 형인 헨리는 언어의 임계기가 지나서 미국에 이주했지만, 동생은 아주 어릴 때 미국에 왔기 때문이다.

임계기가 지나면, 그 이전까지 학습한 언어의 발음이 짙게 남아 있어 다른 언어의 학습이 어려워진다. 이것이 어른이 되어 외국어를 배워도 잘 습득이 되지 않는 이유다.

일본에서는 성인들을 위한 영어 학습 열풍이 대단하다. 언젠가 TV에 3개월만 학습하면 원어민처럼 영어회화가 가능하다는 학원 광고가 나오던데, 이는 한마디로 불가능하다.

일본에서는 어릴 적부터 많게는 15년 가까이 공교육 과정을 통해 영어를 배우고 있지만, 대부분의 사람들이 영어회화는커녕 간단한 대화조차 못하는 경우가 부지기수다.

나의 제자 중에는 완벽한 일본어를 구사하는 중국인이 있는데, 언제부터 일본에서 살았냐고 물었더니 다섯 살 때부터라고 했다. 그녀는 중국어도 완벽하게 구사할 수 있는데 어릴 때 집에서는 중국어로, 유치원에서는 일본어로, 이렇게 두 가지 언어를 상황에 따라 나눠서 사용했다고 한다.

언어란 기본적으로 '흉내'다. 사람들이 말하고 있는 것과 같은 발음이나 같은 단어를 구사할 수 없으면 애초부터 원어민 수준의 커뮤니케이션은 성립할 수 없다. 이렇듯 언어의 습득도 거울 뉴런과 밀접하게 관련되어 있는 것이다.

계속 흉내만 내서도 안 되는 이유

생물학적으로 볼 때 흉내를 낸다는 것은 고등동물에게 매우 중요한 특징이다. 모든 문화와 전통은 처음에 시작한 사람이 있기 마련인데, 그것을 모방하고 흉내 낸 사람들이 세대를 거슬러 계속 나타남으로써 더 나은 문화가 생성될 수 있었던 것이다.

하지만 계속 똑같이 흉내만 내서 이어간다면 사회의 진보는 일어나지 않는다. 도중에 앞선 사람들의 흉내만 내는 게 싫다며 새로운 변화를 찾기 시작하는 사람들이 반드시 나타나야 한다.

인간은 동조압력에 따르면서 살아가지만, 동시에 다른 것을 하고 싶어 하는 특성도 갖고 있다. 이 두 가지 상반되는 특징이 서로 섞이기 때문에 문화가 서서히 변용하고 발전해 나가는 것이다. 달리 말하면 이런 조화와 혼합을 통한 다양성이 없는 사회는 미개하다고 할 수밖에 없는 것이다.

08

원숭이 세계의
왕이 되기 위해서는

동조의 기술을 알고 있는 일본원숭이

하등동물의 행동 패턴은 생물학적으로 정해져 있는 경우가 많다. 벌이나 개미처럼 무리 지어 생활하는 곤충은 동료와 행동을 같이하면서 먹이를 찾거나 유충을 기른다.

이런 행동은 스스로 생각하고 판단해서 행동하는 게 아니라 로봇이 단순히 프로그램에 따라 움직이는 것처럼 유전적으로 정해진 프로그램을 따르는 것에 지나지 않는다.

생물이 스스로 주변 상황을 확인하고 동료의 행동을 보면서 동조해서 움직이려면 뇌의 용량이 커져야 한다. 일본원숭이나 침팬지같은 영장류는 뇌가 고도로 발달했기에 자신의 머리로 생각한 뒤에 동료들에게 동조한다.

일본원숭이 무리의 보스 자리를 건 싸움에서는 승리한 원숭이에게 나머지 원숭이들이 따르게 되는데, 이것도 두뇌로 판단한 다음에 나오는 행동이다. 새 보스를 따르지 않으면 무리에서 불리한 입장에 처할 가능성이 높다는 사실을 이해하고 있는 것이다.

일본원숭이 중에는 무리에서 벗어나서 살아가는 개체도 있다. 그러한 개체 중에는 다시 무리로 돌아가려고 하는 녀석들도 있는데, 이는 무리로 돌아가지 않으면 짝을 얻을 수 없고 그러면 자손을 남길 수 없다는 점을 인지하고 있기 때문이다.

그때 떨어져 살던 원숭이가 어떻게 무리로 돌아가는지 관찰해보면 무척 재미있다. 처음에 녀석은 무리에서 새끼 원숭이 때 친했던 암컷 원숭이를 찾아내어 살금살금 다가가 유혹한다.

처음에 무리의 보스는 그 녀석을 쫓아내려고 한다. 그 렇지만 포기할 수 없는 녀석은 몇 번이나 접근을 시도한 다. 그러다 보면 암컷 원숭이가 받아들이게 되는데, 무리의 보스도 이를 못 본 척하다가 결국에는 무리 안으로 들이게 된다.

　　보스 원숭이는 되돌아온 원숭이의 등에 올라타 '마운 팅Mounting'이라 불리는 자세를 취한다. 이는 무리의 다른 원숭이들에게 자신의 우월성을 과시하는 자세로, 이런 행 위 뒤에 다시 돌아온 원숭이는 정식으로 무리의 일원으로 서 받아들여진다.

　　마운팅 자세는 개나 고양이에게서도 볼 수 있는데 성 별과 관계없이 강제적으로 상대의 뒤에 올라타 교미하는 자세를 취하는 걸 말한다. 이는 주도권과 서열을 표현하기 위한 행동으로, 밑에 있는 녀석은 잠자코 상대의 행동을 받 아줌으로써 복종의 뜻을 전한다.

원숭이에게도 존경심이 있다

암컷들에게 인기가 많은 보스 원숭이는 단순히 몸이 크거나 체력이 좋다고 해서 되는 게 아니다. 오이타현 벳부別府 다카사키산高崎山에서 사는 일본원숭이 주피터는 1952년부터 1961년까지 약 10여 년간 무리의 보스 자리를 지켰다.

그동안 그 자리를 노리는 다른 수컷 원숭이들을 차례로 퇴치하면서 나이가 상당히 들어서도 권력을 누렸는데, 그 배경에는 주피터를 따르는 수컷 무리와 다른 젊은 원숭이들의 조력이 있었다. 다카사키 자연공원의 사육사들은 주피터에게는 다른 원숭이에게는 없는 카리스마가 있었다고 말했다.

원숭이 정도의 고등동물은 단순히 체격만 크거나 싸움을 잘한다고 해서 집단의 보스가 될 수 있는 게 아니다. 초등학교 때도 학급의 리더로 불리기 위해서 지력과 체력은 물론 인간적인 매력까지 갖춰야 하는 것처럼, 원숭이 세계에서도 보스가 되기 위해서는 육체적인 힘뿐만이 아니라 정신적으로도 다른 원숭이들의 존경을 받아야 가능하다.

반면, 같은 원숭이과라도 오랑우탄은 기본적으로 혼자 산다. 수컷 오랑우탄은 성숙해지면 볼에 플랜지Flange*라 해서 볼에 패드가 생기는데, 그러면 '롱콜Long call, 부름 소리'이라는 발성을 내서 암놈을 불러낼 수 있게 된다.

여기에도 질서는 있다. 가까운 곳에 플랜지를 가진 수컷이 있으면 다른 수컷들은 덩치가 아무리 커져도 플랜지를 가질 수 없다가 먼저 플랜지를 가졌던 수컷이 사라지면, 다른 녀석이 곧바로 플랜지 수컷으로 변한다.

플랜지 수컷은 다른 플랜지 수컷과 맞닥트리면 바로 싸움을 벌이지만, 플랜지가 없는 수컷을 만나면 관용을 베풀어서 옆에 다가와도 매몰차게 쫓아내지 않는다.

플랜지가 없는 수컷이 때때로 암컷을 공격해서 억지로 교미를 하려고 든다는 학회 보고도 있는데, 동물학자들은 이런 행동을 암컷에게 인기가 없는 수컷들의 질투심에서 불거져 나온 행동이라고 본다.

---

* 플랜지는 수사자의 갈기와 같은 상징으로, 성체 수컷 오랑우탄의 양쪽 뺨에 불거져 나오는 섬유질의 패드를 말한다.

그런데 최근 연구에서는 암컷 중에 오히려 플랜지가 없는 수컷을 좋아하는 녀석도 있다는 게 밝혀졌다. 실제로 DNA를 조사한 결과, 플랜지를 가진 수컷도 플랜지가 없는 수컷과 비슷한 빈도로 새끼를 생산한다고 한다.

그렇다면 무엇 때문에 플랜지 같은 것이 발달된 걸까? 동물학자들은 단지 그들만의 세계에 존재하는 이상 행동일지 모른다고 한다. 설명하기 어려운 행동을 하는 것은 인간뿐 아니라 동물들도 마찬가지인가 싶다.

09

싫다고 말하는 게
왜 나쁜가

마음속의 차별은 개인의 자유다

예전에 '타인을 향한 마음속의 차별과 미움은 무조건 나쁜 게 아니다'라는 글을 쓴 적이 있다. 글은 이렇게 이어진다.

"내가 가장 싫어하는 사람은 부지런하지만 어리석은 사람이다. 다음으로 싫어하는 사람은 그냥 어리석기만 한 사람이다. 그렇다고 부지런하고 약삭빠른 사람마저 싫어하지는 않지만, 별로 사귀고 싶지도 않다."

이 글을 읽고 차별과 증오를 부추긴다며 비난하는 사람들이 있었다. 제도적으로 차별하는 것과 마음속으로 차별하는 것은 별개의 문제인데도 이를 구분하지 못하는 것이다. 개인의 마음이나 감정의 표현은 어디까지나 자유다. 그렇기에 저마다 마음속으로는 무엇을 어떻게 표현해도 상관없다고 생각한다.

문제는 제도적인 차별이다. 내 글에 시비를 걸어오는 사람들에게 말하고 싶은 것은, 제도적인 차별을 없애는 게 중요하지 개인의 심리적 차별까지 없애는 건 불가능하다는 점이다.

예를 들어 동성끼리의 결혼을 금지하는 것은 제도적인 차별이다. 남자와 남자가, 또는 여자와 여자가 결혼하는 건 어디까지나 그들의 자유다.

세상을 남자와 여자로만 구분지어서는 안 된다. 모든 사람들을 표면적인 평등의 시선으로 바라보면 마음은 남자고 신체가 여자인 사람도 괜찮고, 여자끼리 결혼해서 한 사람이 돈을 벌고 다른 한 사람이 가사를 돌본다고 해도 괜찮은 것이다.

남자와 여자 커플은 결혼이라는 법적 제도에서 우대

받고, 남자와 남자, 여자와 여자 커플은 법적인 제도에서 보호를 받지 못하는 것은 평등이라는 개념에서 보면 말이 안 된다.

동성 커플의 결혼을 반대하는 또 다른 이유로 아이를 낳거나 양육할 수 없기 때문이라고도 하는데, 그렇다면 불임부부는 어떻게 되는지 묻고 싶다. 애초부터 아이를 갖지 않겠다고 정한 사람들이나 불임인 사람들도 처음부터 아예 결혼하지 말라고 한다면 이 역시 말이 안 되지 않은가.

차별을 없애자는 문제를 간단히 생각하려면 어떻게 하면 좋을까? 심리적인 차별은 해도 좋지만, 되도록 제도적인 차별은 하지 말자고 하면 된다.

단지 그뿐이다. 내가 쓴 차별에 대한 글들은 제도적인 차별이 아니다. 따라서 마음속으로 차별하는 것은 나의 자유인 것이다.

심리적 차별은 제도로 막을 수 없다

차별을 하지 않는다면서, 실은 노골적으로 행하는 차

별도 존재한다. 외모로 사람을 차별해서는 안 된다고 하면서 실제로는 차별을 한다. 가령 방송국의 여자 아나운서를 채용할 때 용모를 보지 않는다고 말할 수 있겠는가. 또한 우리 사회에는 엄연히 학력 차별이 존재하는데, 이는 공공연히 용인되고 있다. 그러니 학력은 차별해도 되고 용모는 안 된다는 것 자체가 이상할 따름이다.

인간이 비슷한 환경에서 성장하면 평등하게 될 거라는 말은 완전히 거짓으로, 똑똑하지 않은 사람이 아무리 교육을 받는다고 해도 똑똑해지지 않는다. 하지만 이 표면적인 평등사회에서는 이런 차별들을 우선적으로 금지시키고 있다.

학교를 졸업하고 사회에 나가면 직업에서도 차별이 확연하게 드러난다. 정규직이 있고, 계약직이 있고, 아르바이트가 있고, 백수가 있어서 하나하나가 차별 대상이 된다. 같은 조직 안에서도 차별을 받는 사람들이 있다.

인간은 다른 사람을 차별하거나 괴롭혀서 쾌감을 느끼는 동물이라고 할 수 있다. 누군가를 차별함으로써 자신이 차별받을 두려움으로부터 도망치려는 생각을 하는 것이다. 그렇기에 차별은 완전히 사라지지 않는다. 그것을 억지로 법으로 막으려 하는 것 자체가 무리다.

Part 2 환영받지 못하는
소수의견이
이노베이션을 만들어낸다

만약 세상에 똑같은 생각을 가진 사람들, 같은 것을 지향하는
사람들만 존재한다면 어떻게 될까? 과연 문자를 사용해 기록
을 남기거나 새로운 먹거리 혹은 지역을 개척하며 생활권을 넓
힐 수 있었을까?

10

왜 소고기는 되고,
개고기는 안 되나

살생이 교묘히 은폐되는 사회

사람들은 돼지나 소, 닭을 먹는 것에 어떤 위화감도 느끼지 않는다. 슈퍼마켓의 정육코너에 돼지고기나 소고기가 진열되어 있지 않으면 손님들은 오지 않을 것이다.

만약 그곳에 개고기나 고양이고기를 깨끗하게 손질해서 진열하면 어떨까? 애완동물로도 친숙한 개와 고양이를 좋아하는 사람들이라면 기절할 지도 모른다.

그런데 왜 돼지나 소는 먹어도 되고, 개나 고양이는 먹으면 안 되는 것일까? 왜 애초부터 사람들은 어떤 동물을 죽여서 먹는 것에 강한 거부감을 가지기도 하고, 어떤 동물에는 그렇지 않은 것일까?

"그것은 먹기 위해 사육하는 동물과 애완용으로 기르는 동물의 차이라고 때문이다"라고 대답하는 사람들이 있다. 하지만 개를 식용으로 사육하는 나라들도 꽤 많다. 결국 이것은 각 나라의 식문화에서 어떤 동물을 먹는 것이 흔한지 아닌지에 대한 문제와 관련이 있는 것이다.

일본에서는 개나 고양이를 식용으로 삼는 경우가 지극히 드물기 때문에 그들을 먹을 경우 비난을 면하기 힘들다. 또한 먹고 싶다고 함부로 야생개나 야생고양이를 죽인다면 동물보호법 위반으로 체포될 수도 있다.

반면 소나 돼지를 애완동물로 여기는 사람들이 극소수인만큼 돼지고기나 소고기를 먹는 행위는 문제가 되지 않고, 오히려 사회 속에서 교묘하게 은폐되고 있다.

우리는 살아 있는 동물을 자기 손으로 죽이고 싶어 하지는 않는다. 거울 뉴런이 발달한 인간일수록 괴로워하는 동물을 보면 고통을 느끼기 때문이다. 그렇기에 동물의 죽음이 쉽게 연상되지 않는 가공육을 먹고, 신문에는 도살장이라는 단어 대신 '식용고기 처리장' 또는 '식육센터'라는 명칭으로 변경해서 사용한다. 우리 스스로가 소와 돼지를 죽여서 먹고 있다는 인식을 불러일으키지 않게 하기 위해서다.

다른 한편으로, 생물을 죽여서 먹는 것에 대한 후회와 죄의식을 표현하는 사람들도 있다.

불교에서는 동물 살생을 금지하고 있고, 유대교나 이슬람교에서는 돼지고기 먹는 것을 금지하고 있다. 그런가 하면 힌두교에서는 소를 신성시하기 때문에 소고기를 먹지 않고 신자 대부분이 채식주의자다.

언젠가 인공육의 대량 생산이 가능해진다면, 많은 사람들이 살아 있는 동물을 죽여서 식용으로 삼는 관습은 그만두게 될 것이라고 생각한다. 현재 기술력으로는 고가의 인공육밖에 만들 수 없지만, 곧 기술혁신과 함께 맛과 영양을 갖춘 저가 인공육이 개발될 것이다.

그때가 되면 오히려 소나 돼지를 죽여서 먹는 사람들이 비난의 대상이 될 수 있다. 물론 나는 거기에 찬성하지 않지만 말이다.

문신했다고 목욕탕 물이 더러워지는 건 아니다

개나 고양이를 죽이는 것에 대해 많은 사람들이 혐오감을 느끼는 것은 인간에게 그 동물들이 동료로 인식되기 때문이다.

이는 경주마의 마주나 기수가 말고기를 먹는 걸 기피하는 것과 같은 논리다. 그들에게 있어서 말은 동료이기 때문이다. 반대로 말하자면, 말을 동료라고 생각하지 않는 사람들만이 아무렇지도 않게 말고기를 먹을 수 있는 것이다.

이 같은 현상으로 미루어 보면 동료가 아니면 죽일 수도 있고 배척할 수도 있는 게 인간의 본성이라는 걸 알 수 있다. 더욱이 어느 집단에서 동조압력이 작용하면 집단 내에 있는 사람들은 누가 나서서 외부인들을 심하게 박해해도 그게 잘못된 일임을 알지 못한다. 그러기는커녕 스스로 차별하고 있다는 사실을 전혀 인식하지도 못하고 오히려 좋은 일이라고 착각하는 사람들도 많다.

예전에 일본을 방문한 뉴질랜드 마오리족이 온몸에 그들의 전통 관습인 문신을 했다는 이유로, 온천에서 입욕을 거부당한 적이 있었다. 이 뉴스를 보고 뇌과학자 모기

켄이치로茂木健一郎 교수가 분노를 표명했었다.

　　그러자 인터넷에서 이에 대한 논란이 엄청나게 일어나며 모기 교수에 대한 찬성과 반대 의견들이 쏟아졌다. 일본에서는 에도시대에 범죄자의 얼굴에 문신을 새겨 넣거나 폭력배들 중에 일부러 자기 몸에 문신을 새겨 넣는 경우가 많기 때문에 문신을 한 사람을 배제하는 동조압력이 강하다.

　　문신을 했어도 법률을 위반한 건 아니다. 문신을 한 사람이 들어왔다고 해서 목욕탕 물이 더러워지는 것도 아니다. 그럼에도 세간의 잘못된 풍조를 등에 업고 소수를 괴롭히는, 동조압력 중에서도 최악이라고 할 수 있는 일들이 계속 일어나고 있다.

11
인간은
뭐든지 먹었기에
번영할 수 있었다

수만 가지에 달하는 식품 리스트

동료와 동조하지 않은 채 혼자서 특이한 행동을 취하는 개체 덕분에 그 종 전체가 살아남는 경우도 있다. 어느 생태계에서 생식하는 A라는 동물의 개체군이 B라는 특정한 식물을 먹고 있었다고 치자.

어느 날 식물에게 전염병이 발생해서 B식물이 전멸하고 말았다면 어떻게 될까? 이렇게 되면 A한테는 식량이 사라지는 것이므로 새로운 식량을 찾는데 사활을 걸어야 한다.

그때 개체군 안에서 모험심이 왕성한 한 마리가 지금까지 쳐다보지도 않았던 C라는 식물을 한 입 먹어봤다. 한 입을 먹고 또 한 입을 먹어도 죽지 않자, 곁에서 이를 지켜보던 동료들은 안심하고 C식물을 먹기 시작했다. B식물 대신 새로운 식량을 찾아낸 A개체군은 더 이상 굶주리지 않고 살아남을 수 있게 되었다.

　　환경이 바뀌어서 생존 여건이 불리해지면 생물은 이처럼 살아남기 위해 다양한 방법을 모색한다. 하지만 여건이 좋은 상황일 때는 오히려 새로운 시도를 하지 않는 게 일반적인 생물들의 특성이다.

　　단, 그중에서 인간은 다르다. 인간이라는 동물은 왕성한 호기심으로 기아에 직면하지 않았을 때도 항상 새로운 먹이를 개척해왔다.

　　곰이나 원숭이도 나무 열매나 물고기 같은 작은 동물을 잡아먹는 잡식이지만, 포유류 중에서 가장 많은 종류의 음식을 먹는 동물은 단연 인간일 것이다. 인간은 매우 다양한 것들을 먹어치운다. 해삼이나 멍게처럼 보기에 징그러운 생물도 먹고, 두리안 같이 냄새가 지독한 열매도 먹고,

복어처럼 치명적인 독을 가진 생선조차 독을 제거해서 먹는다.

보통의 동물들은 그렇게 많은 종류의 먹이를 섭취하지 않는다. 주변을 한번 쓱 훑어보고는 고작해야 몇 종류의 먹이에 만족하며 살아간다.

플랑크톤밖에 먹지 않는 흰수염고래는 눈만 뜨면 지천으로 보이는 물고기는 아예 입에 대지도 않는다. 그런가 하면 식물의 나뭇잎밖에 먹지 않는 초식동물은 고기를 전혀 입에 대지 않는다.

인간만이 식물, 포유류, 파충류, 조류, 어패류, 곤충을 닥치는 대로 먹어치운다. 인류가 음식으로 취급하고 있는 전체의 동식물을 리스트로 작성하면 수백만 가지에 달할 것이다.

인류의 조상 격인 호모속이 지구에 등장한 것이 250만 년 전이고, 현생 인류인 호모 사피엔스가 등장한 것은 16만 년 전이다.

그 긴 세월 동안 인간은 주변에서 먹어볼 만한 것들은 닥치는 대로 시험해보며 먹어왔다. 식물이라면 잎뿐만이 아니라 열매, 뿌리, 꽃까지 먹었다. 나무에 붙어 있는 버섯까지 맛보면서 먹을 수 있는지 어떤지를 시험해왔다.

그런 과정에서 셀 수 없이 많은 사람들이 독버섯이나 독을 가진 물고기를 먹고 죽기도 했을 것이다. 이를 본 사람들은 '이것은 먹을 수 없구나'라고 간접적으로 경험하며 알게 되었으니, 식생활의 확대는 수많은 사람들의 목숨을 건 인체 실험의 산물이라고도 할 수 있다.

호랑나비는 먹이의 종류를 나눠서 섭취한다

사람은 모든 생물 중에서 가장 잡다한 것을 먹지만 호랑나비의 유충은 귤이나 탱자나무 이파리 등 귤과의 식물 밖에 먹지 않는다. 배추흰나비는 배추 같은 채소과의 잎밖에 먹지 않는다.

그렇다고 이들 유충이 다른 식물을 먹을 수 없느냐 하면 꼭 그렇지는 않다. 사육용 곤충마다 인공 사료가 상품화되어 팔리고 있는데, 알고 보면 기본적으로는 모두 같은 성분이다.

다른 것은 향기뿐이다. 호랑나비의 먹이에는 호랑나비가 좋아하는 귤 냄새, 배추흰나비의 먹이에는 배춧잎 냄새가 입혀져 있다. 이는 곤충의 유충들이 냄새로 자신들이 먹는 식물을 판단하기 때문이다.

결과적으로 보면, 이것은 다른 먹이를 곤충들과 나눠 먹으면서 서로가 서로를 돕는 일이었다. 만약 모든 곤충이 잡식으로 대부분의 식물을 먹을 수 있었다면 어떻게 됐을까? 서로가 한 식물을 두고 싸웠을 것이고, 최종적으로 강한 곤충만이 살아남았을 것이다.

곤충은 먹는 식물의 종류를 제한함으로써 각자의 생태적 지위를 서로 잠식하지 않았던 것이다. 이런 모습은 소규모 전문점이 늘어서 있는 지방의 상점가를 닮았다. 생선가게에서는 생선, 야채가게에서는 야채, 구두가게에서는 구두를 팔도록 나눠져 있기 때문에 각 상점들이 생존할 수 있다.

그런데 여기에 무엇이든 싸게 파는 대형 쇼핑몰이 들어선다면 영세업자들은 도산하고 말 것이다. 곤충은 다른 식물을 먹으면서 살아갈 수 있음에도 특정한 식물만 먹고 특정한 지역에서만 살아감으로써 다른 종들과 공존하며, 몇억 년이나 되는 긴 시간 동안 생명을 이어왔다.

반면에 인간은 끝도 없이 욕심을 부리며 닥치는 대로 먹고, 그래도 부족해서 생활권을 계속 넓혀나갔다. 오늘날 환경이 나날이 파괴되는 현상은 바로 인간의 끝없는 식탐 때문이라고 해도 과언이 아니다.

음식으로 이노베이션을 일으켰다는 관점에서 본다면 인간보다 더욱 대단한 존재가 있다. 바로 세균들이다. 약 20억 년 전에 큼지막한 세균이 작은 세균들을 잡아먹었는데, 이때 소화가 되지 않으면 잡아먹은 세균과 잡아먹힌 세균이 서로를 죽이지 못한 채 어쩔 수 없이 공생을 해야 했다.

이것이 바로 다세포생물과 원생동물인 진핵생물眞核生物의 기원이 되었다. 그때 잡아먹던 큰 세균은 현재의 우리 몸을 만드는 세포가 되었고, 잡아먹힌 작은 세균은 세포 속의 미토콘드리아나 식물 세포인 엽록체로 변신했다.

나쁜 식습관이 오히려 진화를 일으킨 요인이 된 것이다. 반면 수많은 종을 먹어온 인간은 인간 이외에 그 어떤 종으로 변할 수가 없으니, 새로운 변화를 가져온 세균들에 비하면 아무것도 아닌 존재인 것이다.

12

남들처럼 해서는
기회를 잡지 못한다

새로운 것을 추구했기에 번영할 수 있었다

호기심 왕성했던 인간은 다양한 종류의 동식물을 먹어보며 먹잇감의 폭을 넓혀왔고, 지구상 곳곳으로 생활권을 확대해왔다. 심지어 북극이나 남극에 서식하는 동식물까지도 식용으로 사용하며, 그 어떤 동물들보다 가장 광대한 범위의 생활영역을 확보할 수 있었다.

이는 인간이 본래부터 새로운 것을 좇는 성향을 강하게 지니고 있음을 보여준다. 다수의 의견에 따르는 보수적인 면을 갖고 있으면서도, 새로운 것을 시도하고 소유하고 싶은 본능도 있는 것이다.

침팬지와 공통의 선조를 가진 인류는 어느 시점부터 갈라져 아프리카에 첫발을 내딛고, 광활한 초원인 사바나로 발을 들여놓았다. 이후에는 유럽에서 유라시아 대륙, 아메리카 대륙, 동쪽의 아시아 대륙까지 점차 이동해나갔다. 좁아진 토지에서 더 이상 생활할 수 없었기도 했지만, 새로운 땅으로 가보고 싶은 열정도 있었기 때문이다.

대항해시대에 콜럼버스나 마젤란이 위험천만한 모험을 감행했던 데에도 분명 새로운 곳을 향한 열정이 있었기에 가능했을 것이다.

물론, 그 시대에는 세계지도 따위는 없었다. 바다 끝에 대륙이 있는지 없는지조차 몰랐을 테고, 가더라도 도중에 태풍을 만나 배가 가라앉을 가능성도 컸을 것이다.

미국의 서부 개척사에서도 확인할 수 있듯이 험난한 자연 속 황야를 나아가던 중에 식품이나 물이 떨어져서 죽은 사람도 셀 수 없을 정도로 많았을 것이다.

인간의 본성에는 그렇게 위험을 무릅쓰려고 하는 심

리가 심어져 있고, 새로운 세상은 그렇게 호기심 왕성한 사람들이 목숨을 걸고 만들어왔다. 그들이 없었더라면 인간의 대지는 오늘날처럼 확장되지도 못했을 것이다.

모든 생물의 진화는 우선 형태가 변한 후에 그 형태에 맞춰 적당한 거주지나 먹잇감이 풍부한 생태를 찾아가게 되어 있다. 그 다음은 적응이라는 과정이 뒤따른다.

형태가 먼저고, 기능은 나중이라는 얘기다. 이를 인간에 적용하면 생각기능하기 위해 뇌형태가 커진 게 아니라 뇌가 커진 결과 생각할 수 있게 된 것이다.

코딱지만한 통나무배를 타고 바다 저편을 향해 나아간 것은 아무리 생각해도 자살행위에 가깝지만 뇌의 용량이 커지면서 위험이 요구되는 생각도 거침없이 하게 되었고, 나아가 죽음을 두려워하지 않고 모험적인 행동을 할 수 있게 되었다.

이것은 결코 인간에게 이익만 가져다주는 행동이 아니었고, 성공 확률 또한 매우 적은 것이었다. 그러나 그런 극소수의 개인이 있었기에 인류는 전체적으로 큰 혁신을 일으킬 수 있었다.

벤처기업의 성공률은 1퍼센트 미만이라는데, 운 좋게 성공한 벤처기업은 사회 전체를 바꾸는 커다란 이노베이션을 창출해낸다.

벤처기업을 세우는 사람은 사회 안에서 항상 소수파다. 대부분의 사람들은 바다든 산이든 함부로 나아가려 하지 않고, 아무도 먹어본 적 없는 음식을 일부러 먹어보지 않는다. 그러나 그들은 기꺼이 새로운 분야를 개척했고, 그 과정에서 어려움을 직접 몸으로 겪으며 나아갔다.

그렇기에 죽음을 두려워하지 않고 새로운 일을 하는 사람들은 말 그대로 괴짜인 것이다. 세상을 바꾸는 것은 동조압력에 굴하지 않고 집요하게 소수의견을 외치는 이 괴짜들인 것이다.

만약 당신이 성공하고 싶어 하는 사람이라면 바로 이런 부류에 속해야 한다는 점을 잊지 마라. 남들처럼 해서는 결코 성공의 기회가 오지 않는다는 사실을 기억해야 한다.

환영받지 못하는 소수의견이 이노베이션을 만들어낸다

13

정신장애를 가진
천재가 많았다?

정신장애는 감기처럼 흔한 병이다

어느 조사에 의하면 역대 노벨상 수상자나 역사적인 예술작품을 남긴 사람 등 한 분야에서 특별한 재능을 발휘한 천재들의 가족력에는 정신분열증이 많다고 한다. 그렇다는 것은, 다른 사람들이 생각할 수 없는 독창적인 발상을 하는 사람들은 유전적으로 정상인과는 거리가 있다는 뜻일지 모른다.

어느 정신병리학자는 천재라 불리는 사람들의 70퍼센

트 가까이는 정신분열증이라는 진단을 받아도 전혀 이상하지 않지만, 증상이 가벼워서 진단을 내릴 수 없다고 말했다.

　니체도 죽기 전 10년 정도는 정신분열증으로 고생했다. 대표작인 《차라투스트라는 이렇게 말했다》는 병에 걸리기 수년 전에 쓴 것이었다. 니체는 유년시절부터 천재라고 알려졌는데, 당시 난해하기로 유명했던 그리스로마 시대의 문헌을 독파한 것도 채 스무 살이 되기 이전이었다.

　그런가 하면 톨스토이, 도스토예프스키, 헤밍웨이도 흔히 조울증이라 불리는 '양극성 기분장애'에 걸려 고생을 했다. 양극성 기분장애란 기분이 유쾌하고 흥분된 상태와 우울하고 억제된 상태가 교차해서 나타나거나 둘 중 하나가 주기적으로 나타나는 병이다.

　일본 작가 중에 1960년에 아쿠타가와상을 수상한 작가 기타 모리오北杜夫도 정신장애로 고생한 사람이다. 그는 조증躁症일 때는 무척 활발해져 잡지 연재나 새로운 소설 작업까지 다량으로 일을 해냈고 아주 쉽게 사람들과 어울려 지냈다.

　그러다 얼마 지나지 않아서는 무슨 일이든 철저히 거

부하면서 깊은 상념에 사로잡힌 채로 집안에 틀어박혀 지냈다. 그 시기가 바로 울증鬱症인데 수개월마다 이런 패턴을 반복했다.

조울증 환자들은 조증일 때는 보통 사람들보다 몇 배나 집중할 수 있어서 잠을 자지도 않고 일을 해낼 수 있지만, 울증이 되면 그 순간 아무것도 하고 싶지 않은 마음이 생긴다.

키타 모리오의 경우, 조증일 때는 '나는 천재'라는 생각에 빠져 최고의 작품을 써냈지만 울증일 때는 완전히 반대로 '나는 형편없는 인간'이라는 생각에 빠져 고통스러워했다고 한다. 정신의학자들은 울증일 때는 자살할 힘조차 없지만 울증에서 조증으로 바뀌는 순간에는 자살 위험성이 증가한다고 말한다.

질서를 유지하기 위해 필요했던 샤먼

현대인만이 조울증 같은 정신적 기복을 지니고 있는 건 아닌 듯하다. 원시사회에서도 꽤나 많은 사람들이 오늘날의 정신분열증이나 조울증 같은 병을 앓았을 것으로 보인다. 이들 중에 조증이 격심해서 기분이 최고조로 상승하는 순간에는 초자연적인 존재와 소통할 수 있다고 믿는 사람들이 있었다. 바로 샤먼이라 불리는 사람들이다. 어느 나라를 막론하고 이들이 신에게 기도를 올리면서 소통의 순간을 기다리는 것은 원시사회에서는 최고로 드라마틱한 장면이었다.

인간 집단에는 보통 정치적인 통합을 위한 지도자와 정신적인 통합을 위한 지도자가 나란히 존재한다. 물론 나라에 따라서는 두 가지 역할을 겸한 사람도 있지만, 대부분의 사회에서는 정치적인 권력자와는 또 다른 샤먼적인 존재를 둠으로써, 정치적으로 해결하기 힘든 문제들을 처리했을 것이다.

특히 일본에는 여성 샤먼이 많았는데, 오키나와에도 예로부터 유타ユタ라 불리는 여자 샤먼이 있었다. 현재 세계유산에도 등록된 오키나와 최고의 성소 '세파우타키場御嶽'는 남자들의 출입을 금하고 여자들만 들어갈 수 있었다. 거기엔 거대한 바위에 둘러싸인 '산구이三庫理'라는 틈새가 있어, 지금도 그곳을 통해 멀리 구다카섬久高島을 볼 수 있다.

전설에 따르면 구다카섬은 바다 건너 저편에 존재하는 낙원인 '니라이카나이にらいかない'로 통하는 땅이라고 한다. 오키나와 사람들은 매년 니라이카나이로부터 신이 찾아와 풍성한 수확을 가져다준다고 믿으며, 구다카섬 전체를 성지로 여겼다. 그밖에도 아오모리의 오소레산恐山에서도 죽은 자의 영혼을 부르는 의식이 열렸는데, 여성을 샤먼으로 섬겼다.

14

뇌는
초월적인 존재를
믿는 버릇이 있다

탄압을 받을수록 높아지는 신앙심

칼 마르크스는 '종교는 아편이다'라는 말을 남겼다. 마르크스는 종교가 아편처럼 사람들에게 편안함을 주기도 하지만 사회 시스템을 근원적으로 바꿀 만한 힘을 갖고 있지는 않다는 사실을 말하고 싶었던 것이다.

지구상에 종교를 갖지 않은 사람은 전체 인구의 13퍼센트 정도라고 한다. 나머지 87퍼센트에 해당하는 사람들은 어떤 종교라도 조금씩은 믿고 있다는 얘기다.

역사적으로 보면 종교를 둘러싼 전쟁은 너무도 자주 일어났는데, 하나같이 거룩한 사명을 띤 전쟁이라는 뜻의 '성전聖戰'이라는 이름으로 수없이 많은 사람들이 피를 흘리게 만들었다.

종교는 어떻게 이 정도까지 사람들의 마음을 사로잡은 것일까? 어쩌면 종교도 언어와 마찬가지로 인간의 뇌 속에 확고한 구조적 근거를 갖고 있는 게 아닐까?

하나의 언어가 어느 시기에 뇌에 각인되면 평생 그 언어를 잊어버리지 않고 말할 수 있듯이 종교 또한 어느 시기에 깊이 새겨지면 일생 동안 삶의 근간이 되는 가치관의 토대가 된다.

그렇기 때문에 태어났을 때부터 엄격한 기독교나 이슬람교 가정에서 자란 아이들은 어른이 된 후에도 다른 종교로 개종하기가 몹시 어렵다.

하지만 언어와 종교는 다른 점이 있다. 어떤 언어를 완벽하게 구사하기 위해서는 7, 8세 무렵에 학습을 시작하여 뇌의 특정한 영역을 활성화시켜야 한다. 그 시기를 넘겨버리면 해당 언어를 완벽하게 구사하는 것이 불가능해진다.

그렇지만 어떤 종교도 믿지 않고 성장한 사람이라도 어느 날 갑자기 종교에 눈을 뜨는 경우가 많다. 종교에 무관한 사람이라도 뭔가를 믿고 살아가는 경우는 있기 마련인데, 이때 믿는 대상을 바꾸는 일은 비교적 간단한 일이다. 초월적인 존재를 믿는 것은 인간의 뇌에게는 습관 같은 것이기 때문이다.

그러고 보면 일본은 신기할 정도로 종교가 확대되지 않는 나라다. 불교만 보더라도 일본에서 제일 많은 신자를 확보하고 있지만, 대다수는 그저 명목상의 신자일 뿐 실질적으로는 무교에 가깝다.

신년 초에는 신사에 가서 올해의 건강과 행운을 빌며 첫 참배를 드리고, 결혼식을 올릴 때에는 교회에서 찬송가를 부르고, 장례식을 치를 때는 스님의 독경에 두 손을 모으는 일본인들이 많다. 그들 중 대부분은 평생 동안 그저 몇 차례 특별한 날에만 신사나 사찰에 들를 뿐이다.

이 정도로 종교를 무심하게 받아들이는 국민은 세계 어디에도 없을 것이다. 기독교만 해도 그렇다. 일본에 기독교가 전래된 지 벌써 500년 가까이 흘렀지만 아직까지 일본의 신자 비율은 1퍼센트 이하로, 이 수치는 수십 년째 바뀌지 않고 있다.

한국은 인구의 30퍼센트가 프로테스탄트와 가톨릭을 합친 그리스도교 신자들인데, 이들은 역사가 오래된 불교보다 신자 수가 많은 최대 종교 세력이다. 필리핀은 국민의 83퍼센트가 가톨릭인데, 그 외의 종파까지 합치면 90퍼센트 이상이 그리스도교 신자다.

중국도 그리스도교의 신자가 점점 늘고 있어 최근엔 1억 명에 달한다고 한다. 공산당 정부는 이런 추세가 너무 위험하다고 판단해 이들을 탄압하기 시작했다. 중국에서는 아직까지 티베트의 티베트불교와 위구르자치구의 이슬람교 신자에 한해 무력을 사용한 탄압을 가하고 있는데 이제는 그 대상을 그리스도교로까지 확대하고 있는 것이다.

그러나 어쩌면 중국 정부는 모르고 있는 것 같다. 세계 어느 역사를 돌아봐도 종교가 탄압을 받을수록 신도들의 열정만 높아질 뿐이라는 사실을 말이다. 중국도 조만간 그리스도교 신자 비율이 두 자리 숫자에 이르게 될 거라고 하니 정부가 나서서 무너뜨리기는 어려울 것이다.

정치는 종교와 싸워서는 절대 이길 수 없다

공산주의는 종교가 아니기에 종교와 싸웠을 때 이길 승산이 전혀 없다. 정치는 애초부터 현세에 속하는 것이지만 종교는 사후세계를 약속하기 때문이다.

게다가 현세의 생활이 힘들어질수록 사람들은 사후세계에 대한 꿈을 꾸게 된다. 이슬람교도들이 세계 도처에서 자살테러를 벌이는 행위를 보고 대부분의 사람들은 이해할 수 없다며 고개를 흔들지만, 종교의 대의에 따라서 죽으면 사후의 평안을 약속받는다고 믿는 사람들에게 목숨 따위는 아깝지 않을 것이다. 자기 목숨이 아깝지 않은 사람이야말로 세상에서 가장 무서운 존재가 아닌가.

따라서 종교와 관련된 테러를 막기 위해 정치적 탄압을 가하면 오히려 역효과가 난다. 그렇게 생각하면, 이슬람 과격파에 의한 여러 형태의 테러는 미국의 정치적 탄압에 대한 반작용이라고 볼 수 있다.

그렇기에 미국의 정책을 무조건적으로 추종하는 일본도 결국 그들이 자행하는 테러의 표적이 될 수 있다.

15

독불장군 괴짜가
새로운 문화를 만든다

타인과 똑같은 것은 하고 싶지 않다

비즈니스나 새로운 기술로 사회를 깜짝 놀라게 하는 사람들이 있다. 획기적인 사회 변혁을 일으키는 그들은 하나같이 '괴짜'라는 공통점이 있다. 인류는 경험을 통해 그런 사람들의 소중함을 알고 있기에, 어느 문명이라도 사회에서 괴짜를 배제하지 않으려고 노력해왔다.

동조압력에 굴복하지 않고 자신만의 의견을 고집스럽게 추진하는 사람들은 어느 정도 생물학적인 요인을 갖고 있다고 볼 수 있다. 후천적으로 학습을 통해 그렇게 되었다기보다는 '다른 사람과는 똑같은 것을 하고 싶지 않다'는 생각이 뇌에 각인돼 있는 것이다.

나는 유별나게도 초등학교 때부터 소수의견을 가진 이단아로 살아온 것 같다. 타인과 똑같은 것을 하는 게 무조건 싫었다. 주위 사람들이 오른쪽으로 가면 왼쪽으로 가고, 왼쪽으로 가면 오른쪽으로 갔다.

유행하는 것들에는 전혀 흥미가 없어서 어릴 적부터 다른 아이들이 장난감을 갖고 놀 때, 나는 물고기나 곤충을 보는 게 좋았다. 어린아이 때는 곤충을 좋아해도 청소년기에 접어들면 대부분 쳐다보고 싶어 하지 않는 게 보통인데, 나는 성장하면서 더욱 곤충에 대한 흥미가 생겼고 끝내 곤충을 중심으로 살아가는 사람이 되어버렸다.

나 같은 종류의 인간과는 반대로, 세상을 뒤흔드는 유행은 뭐든 따라하겠다며 맹목적으로 추종하는 사람들도 있다. 어쩌면 이런 부류의 사람들이 훨씬 더 많을지도 모른다.

그들은 남에게 동조하는 걸 좋아하기 때문에 타인과 똑같이 행동하는 데 망설임이 없다. 주위에 쉽게 휩쓸리고,

이내 동화된다. 하지만 생물학적으로 보면 동조를 좋아하는 사람들이 사회의 중심에서 살아남을 확률이 훨씬 높다고 할 수 있다.

자본주의 세상에서는 큰돈을 벌어야 남보다 풍요로운 생활을 할 수 있다. 큰돈을 벌기 위해서는 좋은 회사에 들어가거나 의사나 변호사 같이 사회적 지위가 높은 직업을 선택하는 게 좋을 것이다.

이런 인생을 살기 위해서는 좋은 학교에 들어갈수록 유리한데, 이 때문에 많은 부모들이 자식에게 공부를 열심히 해서 좋은 학교에 가라고 채찍질을 하는 것이다. 이것도 일종의 동조압력이다.

반면, 세상의 흐름에 동조하지 않고 살아가려면 훨씬 고생스러운 삶을 감수해야 한다. 어느 조직이든 그 장소나 분위기에 어울리지 못하는 괴짜가 있기 마련인데, 이들은 대개 높은 자리에 오르지 못한다. 이따금 예술가나 학자, 사업가로 성공하는 경우도 있지만 대부분의 사람들은 뛰어난 능력이 없는 단순한 괴짜일 뿐이다.

그 때문에 예전에는 자신이 조직에 어울리지 못하는 타입이라고 생각되면 일정 기간 스승 밑에 들어가 기술을 배운 뒤에 장인으로 살아가는 사람들이 많았다.

목공, 조각가, 선반공, 요리사 등 확실한 기술력을 가진 장인이 되면 일류라는 평판을 얻을 수 있고, 보통 사람들보다도 높은 수준의 보수를 받을 수도 있으니 이래저래 나쁘지 않은 인생이었다.

대부분의 장인은 기본적으로 혼자서 작업한다. 제자에게는 그냥 눈치껏 기술을 배우라는 식으로 대하기에 말을 잘할 필요도 없다. 그런데 세상이 온통 기계화되고 장인의 손을 거치는 일들이 매뉴얼화, 표준화가 되면서 누구라도 할 수 있는 듯한 일로 바뀌고 말았다.

손을 움직이는 일은 낮은 비용으로 고용된 아르바이트나 계약사원이 대신하고, 그들을 관리 감독하는 사람들이 큰돈을 벌게 되었다. 부하를 관리하고, 그들을 어르고 달래가며 일을 시킬 때 가장 중요한 것은 이제 장인의 기술력보다 커뮤니케이션 능력이 되었다.

오늘날 일본 GDP 70퍼센트 이상을 서비스 산업이 차지하고 있고 제조업마저도 상품을 만들어내는 현장이 기계화되어, 대부분의 사람들은 영업이나 사무, 홍보 같은 서비스 업무에 매달리게 되었다.

그 결과, 일본에서는 커뮤니케이션 능력이 갈수록 중요해지고 있으며, 직장인들의 업무 대부분이 온라인에서든 오프라인에서든 사람들과 대면하여 뭔가를 절충하는 것들로 변하고 있다.

쉽게 동조하지 않는 사람이 큰돈을 벌 수 있다

한편으로는 문명이 발달함에 따라 비조직형 인간에게 적합한 일도 새롭게 등장하기 시작했다. 컴퓨터 프로그래머나 펀드 매니저 같은 직업이 그것이다.

이런 종류의 직업군은 보통 컴퓨터와 마주하면서 프로그램을 사용하거나 초 단위로 바뀌는 숫자를 보며 주식을 사고파는 일을 한다. 번거롭게 타인들과 얽힐 필요가 없다.

2005년 한 증권회사 담당자의 실수로, 제이컴이라는 회사의 주식이 '1주에 610만 원'이 아닌 '61만 주에 10원'

이라고 잘못 기입되어 매물로 나온 적이 있었다.

　이를 재빠르게 알아챈 어떤 청년은 당장 7,100주를 사들여 눈 깜짝할 사이에 200억 원 이상의 돈을 벌었다. 지금도 그는 고급 아파트에 살며 하루 종일 컴퓨터를 들여다보면서 주식 거래를 하고 있다고 한다.

　그는 어느 언론과의 인터뷰에서 오늘 20억 원의 손해를 보더라도 내일 30억 원을 벌면 된다는 생각으로 주식 거래를 하고 있다고 말했다. 아마 그에게는 주식으로 돈을 버는 일이 하나의 게임처럼 여겨지는 것 같았다.

　학생들에게 이 이야기를 해주자 "나라면 200억을 벌고 더 이상 아무 일도 하지 않고 놀며 살 텐데……"라고 말했다. 그 말을 듣고 나는 이렇게 대답했다.

　"나도 그렇게 생각하지만, 그런 식으로 생각하는 사람은 결코 큰돈을 벌 수 없을 것이다."

　주식 전문가들이 말하기를, 주식 거래만으로는 원칙적으로 큰돈을 벌기는 힘들다고 한다. 주식 거래자 대다수가 이 회사의 주식은 오를 것이라고 생각하는 직전에 사고, 이 회사의 주식은 내려갈 것이라고 생각하기 직전에 팔기 때문이다. 이것이 기본적으로 주식을 하는 방법이기에, 다수의 흐름에 동조하거나 혹은 완전히 등을 돌려서 혼자만의 길을 찾아 주식거래를 한다는 것은 매우 어려운 일이다.

하지만 한 가지 확실한 사실은, 세상의 대다수 사람들이 타인과 동조하며 일하는 시대에 이를 역으로 이용할 수 있는 사람에게는 오히려 큰돈을 벌 기회가 생길 수 있다는 점이다.

16
아무도 예측할 수 없어
이노베이션이 일어난다

'표준'을 강조하는 멍청이들

세상에는 타인을 통제하고 싶어 하는 욕구를 가진 사람들이 차고 넘친다. 그들은 어떤 규칙이나 표준을 만들어 놓고, 그것을 지키는 게 정의라고 말한다.

그들은 스스로 새로운 것을 만들어내지도 않고, 그럴 용기조차 없으면서 타인을 통제하는 일에만 열정을 쏟아 붓는다. 예를 들어 대학 강의에 모범적인 매뉴얼을 만들어서 교수들이 그것을 따르도록 의무화해야 한다고 주장하는 사람들이 있다.

정말로 멍청한 짓이다. 표준적인 것을 정해서 그것만 가르친다는 것은 그 시점에서 알 수 있는 최신 지식으로부터 멀어지는 것은 물론이고, 자칫 표준을 부정하는 최신 학설이라도 나오면 큰일이다.

같은 내용을 가르칠 뿐이라면 로봇에게 시키면 될 일이니 교수가 필요하지도 않다. 이런 식으로 강의의 내용을 통제하는 건 정말로 어리석은 짓인데도 지금도 일본에서는 너무도 흔하게 볼 수 있는 풍경이다.

사실 교수들이 작성하는 수업계획서는 의미가 없다. 수업계획서는 수업하기 전에 미리 강의나 수업에 대한 학습 계획을 말하는데, 무엇을 가르칠 수 있을지 어떨지는 그 시간이 되지 않으면 알기가 어렵다.

나는 연구비를 한 푼도 받지 않으니 관계없지만 정부 기관은 연구자들에게 연구 보조금이 필요하면 신청서에 연구 목적, 연구 의의, 연구 계획을 세세하게 써서 제출하라고 한다.

그 계획서에는 앞으로 필요한 기재나 약품, 실험동물의 수와 구입에 따른 금액까지 명시해야 한다. 구입한 뒤에는 계획대로 연구했다는 사실을 증명할 영수증까지 제출해야 한다.

하지만 사실 현실의 연구에서는 계획한 대로 진행되지 않거나, 실험하는 과정에서 예기치 못한 변수가 많이 발생한다. 특히 직접 실험을 해봐야 하는 연구라면 더 그렇다. 생각해보면 애초부터 예측한 대로 결과가 나올 연구라면 너무 당연한 일이니 할 필요도 없지 않은가.

획기적인 발견은 처음에 계획한 대로의 실험에서 나오는 게 아니라 예상치 못한 곳에서 나온다. 역사적으로 유명한 과학의 발견 뒤에는 이런 예측 불가능한 결과물들이 많았다.

그래서 판에 박힌 연구를 하느니 연구 보조금을 받더라도 쓰지 않은 채 그냥 가지고 있는 사람들도 있다. 물론 이들은 정부기관이 정한 규칙을 위반하는 것이기에 실험을 인정받지도 못하고, 다음에 혹시 보조금을 신청하더라도 불이익을 당하게 된다.

나의 경우에는 실내에서 하는 실험보다, 이론과 현장 조사가 중심이 되는 연구를 주로 진행하기 때문에 돈이 별로 들지 않았다. 현장조사에서 드는 비용도 현장까지 가는 교통비와 체재비 정도다. 곤충의 수를 세는데 비싼 기재나 약품이 필요한 것도 아니니 말이다.

하지만 분자생물학 분야의 최신 연구를 진행하게 될 경우에는 사정이 달라진다. DNA를 분석하기 위해 DNA의 배열 순서를 파악하는 데 긴요한 장치인 'DNA시퀀서DNA sequencer'를 구입해야 한다.

가격이 수천만 엔에 달하는 이 기기는 불과 몇 년 정도만 지나도 성능이 업그레이드된 새 기종이 계속 출시되기 때문에 기체 교체만해도 상당한 액수의 보조금이 필요하다.

획기적인 것일수록 이해하기 어렵다

생물학 분야에서도 연구 내용은 물론이고, 실험 기기의 성능 또한 하루가 다르게 계속 발전하고 있다. 인간 염

색체 내의 모든 염기 서열유전정보을 밝혀내기 위한 '인간게 놈계획Human Genome Project'은 한 사람의 DNA를 분석하는 데 천문학적인 비용과 13년이라는 아주 긴 시간이 걸렸다.

하지만 30년이 지난 지금은 그때에 비하면 푼돈에 불과한 금액으로 하루 만에 인간의 유전자를 분석할 수 있게 되었다. 분석 기기의 성능도 놀라울 만큼 향상되어 웬만한 전문가라면 손쉽게 작업을 진행할 수 있다.

다른 연구자가 100일 걸릴 분석 작업을 단 하루 만에 할 수 있다면, 연구 결과는 압도적으로 빠르게 도출될 것이다. 그렇기에 유전자 분석 같은 첨단 분야를 연구하려면 항상 최신 연구 기기를 구비해둘 필요가 있다.

문제는, 그런 연구 환경을 조성하려면 엄청나게 큰돈이 든다는 점이다. 따라서 정부는 우선순위를 정해서 현실에 확실하게 적용할 만한 연구에 지원을 아끼지 않고, 그밖의 연구에는 순차적으로 적정한 비용을 보조해야 한다.

물론 현실에서는 그렇게 현명하게 연구비가 배분되고 있지 않다. 연구비를 심사하는 사람들이 이해할 수 없다며 지원을 거부한 연구에서 획기적인 연구 성과가 나오기도

하고, 반대로 큰 기대를 갖고 막대한 자금을 보조했지만 몇 년이 지나도 무소식인 경우도 있다.

연구란 아무도 예측하지 못하는 부분에서 획기적인 약진을 이루고, 그를 통해 진정한 이노베이션이 일어난다. 예측할 수 있다면 이미 획기적인 연구가 아닌 것이다.

정부기관에서 심사를 하고 마음에 드는 연구에만 큰 돈을 분배하는 현재의 시스템에서는 획기적인 성과를 얻을 수 없다. 동조압력에 굴하지 않는 소수의 연구자들을 위해 돈줄을 쥐고 있는 정부 당국 담당자들의 각성이 절실히 필요한 오늘이다.

17

원숭이와 인간의
사랑 이야기

동물 개체는 언제 태어났을까

동물 집단의 개체 한 마리에게 이름을 붙여서 관찰하는 연구 방법을 처음으로 사용한 사람은 일본인이었다.

그때까지 서구의 연구자들은 원숭이나 고릴라의 개체 식별을 하지 않은 채 생태나 행동을 연구했었다. 같은 집단에 속한 개체라도 암컷과 수컷의 차이가 있는데 기본적으로 전부 같은 성질을 갖고 있다고 여겼던 것이다.

그런데 원숭이 정도의 고등동물한테는 저마다 독특하

개성이 있다. 일본에서 영장류학의 원조로 불리는 이마니시 킨지今西錦司 박사는 개체 식별을 통해 말의 무리를 연구하다가, 원숭이들에게도 각기 다른 이름을 붙여 불러주는 방법을 적용하면서 엄청난 연구 성과를 올릴 수 있었다.

원숭이의 개체 인식에 대해 이야기하면 재미있는 에피소드가 떠오른다. 교토대학에 하자마 나오노스케間直之助라는 연구원이 있는데, 매일같이 원숭이 무리를 찾아가서 먹이를 던져주었다. 그러자 원숭이들이 하자마 교수의 존재를 인식하기 시작했고, 그가 다가와도 도망치지 않게 되었다. 무리의 일원으로 받아준 것이다.

그러던 중 '하나코'라고 이름 붙인 어린 암컷이 하자마 교수에게 반해서 그를 보기만 하면 교미하는 자세를 취하며 들이대더라는 것이다. 하자마 교수도 그런 하나코가 예뻐서 집에 돌아오면 아내에게 오늘은 하나코가 이랬다저랬다 하며 이야기를 해주었다.

처음에는 아내도 웃으면서 들어주다가 남편이 계속해서 하나코 이야기밖에 하지 않자 점점 화를 내기 시작했고, 결국 어느 날 "그렇게 예쁘면 하나코에게 빨래를 해달라고 해!" 하며 빨랫감을 휙 던지더란다.

생명체의 개성은 고등동물만이 아니라 어류에게서도 찾을 수 있다. 가타노 오사무片野修라는 동물 생태학자는 잉어과의 어떤 종에게는 저마다의 개성이 있어서 어느 녀석은 하루 종일 물 속 바위틈에 은신하며 지내는가 하면, 어떤 녀석은 진종일 밖에서 헤엄치고 싸돌아다닌다고 전했다.

이런 특성은 포식동물에게 더욱 강하게 나타나는데, 같은 사자라도 게으름뱅이 느림보가 있는가 하면, 유난히 예민해서 항시 사방을 살피며 잽싸게 움직이는 녀석도 있다.

그렇다면, 동물들의 개성은 진화의 어느 단계에서 생긴 것일까? 개성은 행동 패턴을 관장하는 뇌신경계의 반응 방식이 개체마다 차이가 나며 생기는 것이다.

뇌의 구조와 기능은 유전자 조직과 성장 환경에서 받는 자극으로 변화하는데, 개체마다 각기 다른 유전적 변화와 외부 자극으로 저마다 독특한 개성이 만들어지는 것이다.

곤충에게도 뇌가 있지만 신경세포의 수는 인간 뇌의 10만분의 1에 지나지 않는다. 즉, 개체마다 개성이 드러날 정도로 뇌의 용량이 크지 않기 때문에 동일한 종의 뇌 구조와 기능은 거의 같고, 행동 패턴 또한 아주 유사하다고 할 수 있다.

따라서 곤충 연구자들은 기본적으로 같은 종의 개체를 개성이라는 관점에서 구별해서 연구하지 않는다.

'인간만이 특별한 존재'라는 서구의 사상 아래서는 인간 이외의 동물에게 개성이 존재할 리 없다고 굳게 믿어왔기 때문에 인간이 아닌 동물에 관한 연구에서 개성이라는 요소가 중시된 것은 비교적 최근의 일이다.

그 결과 뇌의 구조가 복잡하고 용량이 큰 고등동물은 기본적으로 동료들과 동조하며 살아가지만, 그와 동시에 자신만의 개성에 따라 독자적인 행동을 한다는 사실을 알게 되었다.

개성이 있기에 다양성이나 진보도 생겨난다는 원리를 인간사회에 적용해서 설명하자면, 누군가 일반 대중과 다르게 생각하고 행동한다고 해서 배척부터 하기보다는, 집단에 다양성과 새로운 발전 요인을 가져올 특별한 존재라고 보자는 것이다.

당신이 속한 집단에서 이런 생각이 폭넓게 받아들여지고 있다면 그 조직에게는 희망이 있다고 보면 된다.

Part 3

다수결이 불러온 비극들

다수결에 과연 정당성이 있을까? 우리는 종종 다수의 의견과 이익을 따르는 것이 합리적인 선택을 하는 것이라고 착각한다. 하지만 그렇게 도출된 결과가 모두에게 공정하게 적용될까? 당신에게 항상 유리할까?

18

안전제일주의가
가장 위험하다

책임지고 싶지 않은 사람들의 마지막 선택

'객관적'이라는 말은 개인적인 생각이나 감정에 기울
지 않고 사건이나 사물을 있는 그대로 바라보는 태도를 가
리킨다. 따라서 무엇을 평가할 때 객관적인 것이 좋다는 의
견이 지배적인데, 과연 그럴까?

문제는, 객관적 평가는 책임지고 싶지 않은 사람들에
게는 매우 적당한 안전주의가 된다는 점이다. 예를 들면 대
학입시는 객관적 평가에 의한 안전주의의 전형적인 형태

중 하나다. 1점이나 2점 차이는 학생의 능력에 거의 차이가 없음을 의미한다. 하지만 정해진 인원밖에 입학할 수 없기 때문에 점수가 높은 순으로 합격을 시킨다.

어떤 점수 이하가 불합격이라고 정해두면 아무것도 생각하지 않고 기계적으로 기준에 따라 학생을 선별할 수 있고, 뽑는 데 불필요한 시간과 노력을 들이지 않아도 된다.

가령 그 점수만으로 평가해서 입학을 허용한 학생이 수업을 따라가지 못하거나 문제아일지라도 대학이 정한 객관적인 테스트 기준에 따랐을 뿐이라고 하면 학교는 책임지지 않아도 된다.

옛날에 사립대학 교수는 자신의 판단으로 학생 두 세 명 정도는 입학시킬 수 있었지만 지금은 절대 그럴 수 없다. 이에 비해 기업의 경우엔 성적이 좋은 사람을 위에서부터 순서대로 뽑는 일은 절대 하지 않는다.

다소 학업 성적이 나빠도 면접관이 '이 사람은 장래가 기대된다'고 생각하면 채용되기도 한다. 이는 학교 성적이 아주 우수한 학생이라 해도 반드시 기업에 채용되지는 않는다는 말이다.

그런데 이유는 알 수 없지만, 대학교수나 연구원을 채용할 때 대부분 객관적 평가를 하고 있다. 어느 대학에서 졸업생의 성적과 그들이 취직한 기업을 조사해 보니 상위 20명과 하위 20명이 거의 같은 비율로 대기업에 입사했음을 알 수 있었다.

　　일류로 손꼽히는 기업이나 금융회사 등 취업준비생들이 선호하는 회사의 평가기준은 대학 성적과 무관했던 것이다. 즉 대학과 회사에서 사람을 뽑는 기준이 전혀 다르다는 말이다.

　　대학에서 아무리 성적이 좋았어도 회사에 적응하지 못하고 짐만 되는 무능한 사람이라면 채용하는 의미가 전혀 없다. 그래서 회사 인사 담당자들은 재능이 있어 보이거나 회사에 혁신을 일으킬 만한 젊은이라고 판단되면 객관적인 평가와 상관없이 채용하려고 한다.

　　이에 반해, 예나 지금이나 될 수 있는 한 객관적인 평가로만 사람을 채용하려고 하는 대학은, 그 결과 연구 업적은 많아졌을지 몰라도 흔해 빠진 연구만 진행하는 독창성이라곤 쥐꼬리만큼도 없는 사람들로 바글바글하다. 객관적이라는 주문에 사로잡혀 아무도 책임지지 않는 안전제일주의에 빠지고 만 것이다.

맹종만을 원하는 조직은 반드시 망한다

어느 질병에 대해 모범적인 치료법이 정해지면, 의사는 그 방법을 쓰다가 환자가 죽어도 책임을 지지 않게 된다. 이와는 반대로 의사가 좋다고 생각한 치료법을 멋대로 실행했다가 환자가 죽으면 큰 문제가 된다.

2014년 도쿄여자의과대학병원에서 5년 동안 집중치료실에서 인공호흡기에 의존하는 아이들에게 소아 사용이 금지된 마취약인 프로포폴Propofol*을 투여했다는 사실이 밝혀졌다. 그 때문에 아이들 63명 중 12명이 투여 받은 지 며칠 이내, 길게는 3년 이내에 사망하는 사고가 일어났다.

왜 이런 일을 저질렀을까? 의사도 아이들을 일부러 죽

---

* 프로포폴은 단시간에 정맥으로 투여하는 전신마취제다. 주로 수술이나 검사를 할 때 환자를 진정시키거나 마취하기 위해 사용한다. 다른 마취제들과 달리 빠르게 회복되고 부작용이 적다. 단 오남용 시 중독될 수 있어 반드시 의료전문가의 지도가 필요하다.

이려고 한 것은 아니겠지만 아이들에게 프로포폴을 투여해서는 안 된다는 원칙을 무시한 것은 명백한 잘못이다.

하지만 의료 현장에서는 매뉴얼에 따른 표준적인 치료에서 탈피하는 조치를 고민해야 할 때도 있기 마련이다. 도쿄여자의과대학병원의 의사들은 그 순간에 표준을 벗어난 조치를 취했고, 51명의 아이는 살았지만 불행하게도 12명의 유아가 사망했던 것이다.

얼마 전엔 신고를 받고 달려간 구급대원이 환자를 보고 통상적인 응급처치로는 살릴 수 없다고 판단해서 그 자리에서 의사에게 급히 전화를 걸어 의사만이 행하도록 규정된 치료를 자문 받고 직접 실행한 적이 있었다.

그 결과 환자의 생명은 살릴 수 있었지만, 구급대원은 불법 의료행위를 했다는 이유로 처벌을 받았다. 구급대원은 오랜 경험으로 당장 환자를 치료하지 않으면 생명을 구할 수 없다는 것을 알았다. 그래서 법이 허용한 범위를 뛰어넘는다는 것을 알면서도 급박한 상황에 어쩔 수 없이 의료 조치를 시행했던 것이다.

법적으로는 그런 환자를 앞에 두고도 "무엇을 하면 좋

을지 알고 있고, 나에게는 치료를 실시할 기술도 있지만 그 대로 두겠습니다"고 말하는 게 옳다는 얘기다.

이런 한심한 일이 또 있을까? 이와 같이 누군가가 정한 기준에 맞춰 그 범위를 뛰어넘지 않도록 하는 것은 상황에 따라서는 본말이 전도되는 결과를 맞기도 한다. 마치 사람의 목숨보다 법을 지키는 쪽이 더 중요한 것처럼 보이게 된 것이다.

학위를 사칭해서 대학교수가 된 사람은, 후에 정체가 탄로나면 퇴출된다. 그런데 학력을 사칭해서 연구소에 들어간 사람이 대단한 업적을 이루어 노벨상을 받았다면 어떻게 될까? 경력 사칭이 밝혀진 시점에서 노벨상도, 업적도 모조리 사라지게 되는 것일까? 그가 대단한 약을 발명해서 수많은 사람들의 목숨을 구했더라도 '이 약은 학력을 사칭한 사람이 발명한 것이니 사용이 금지된다'고 할까?

세상을 압도하는 '원칙 맹종주의'에 따르면, 학력을 사칭한 사람은 연구자로서 인정받지 못하는 것은 물론이고 신약 발명 또한 무효 처리되어야 한다. 어쩌면 사람들은 '이 약으로 목숨을 구한 사람들은 원래 살 수 없었던 사람들이니 죽어도 관계없다'고 생각할지도 모른다.

19

연대 책임은
무책임과 동의어

과학사에 길이 남을 가짜 연구

학자라는 직업은 어떤 연구와 관련해서 타인과 똑같은 논문을 쓰는 행위를 허용하지 않는다. 완전히 똑같지는 않더라도, 타인이 이미 다룬 내용과 흡사한 연구를 하면 평가받지 못한다. 자신의 연구 분야가 문과든 이과든 상관없이 뭔가 새로운 것을 발표하지 않으면 가치가 없는 것이다.

헤겔이나 칸트를 연구하는 철학자들이 세상에 얼마나 많이 있는지는 모르겠지만, 연구자들은 저마다 새로운 논점을 찾으려고 노력한다. 무엇이든 자기만의 새롭고 독특한 관점을 발견하지 못하면 논문도 책도 써낼 수 없기 때문이다.

그렇기에 모든 연구는 '새로운 무엇Something new'이 전제되어야 한다. 사회는 학자들이 그 'Something new'를 통해 세상에 큰 임팩트를 줄 수 있는 연구를 하길 원한다.

그런 점에서, 2014년 일본 과학계에서 커다란 화제가 되었던 이화학연구소의 '만능줄기세포STAP cell, Stimulus-Triggered Acquisition of Pluripotency cell' 논문 조작 사건은, 그것이 진실이었다면 대단히 획기적이라고 평가받았을 연구였다.

줄기세포는 스스로 분열하며 적당한 환경에서 인체를 구성하는 기관이나 조직을 구성하는 세포로 분화할 수 있는 미분화 세포를 말한다. 줄기세포는 제 기능을 발휘하지 못하는 세포나 장기를 대체할 수 있어 난치병에 활용하려는 연구가 활발히 진행 중이다.

일본에서 지금까지 여러 세포를 한 번에 변화시킬 수 있는 '만능세포'는 생물의 초기 배아 때부터 만들어낸 배아줄기세포ES cell, Embryonic Stem cell와 교토대학의 야마나카 신야山中伸弥 교수가 발견한 4개의 유전자를 분화시킨 세포를 주입해서 만들어낸 유도만능줄기세포iPS cell, induced Pluripotent Stem cell밖에 없었기에 이화학연구소의 논문은 발표 당시 엄청난 화제를 불러일으켰다.

더구나 배아줄기세포와 유도만능줄기세포를 임상에 적용하려면 다소 시간이 걸릴 것으로 예상했고, 세포가 암으로 전이될 위험성도 불식시킬 수 없었기 때문에 실제적인 활용은 아직 미지수로 남아 있었다.

그런데 이화학연구소의 오보카타 하루코小保方晴子가 이끌던 연구팀에서 '약산성의 액체에 세포를 담그는 등의 일정한 스트레스를 줌으로써 단번에 만능세포를 만들어낼 수 있다'고 발표했다. 게다가 그들은 암으로 전이될 위험성이 유도만능줄기세포와 비교해서 극히 적다고 주장했다.

만능줄기세포를 이렇게 단순한 방법으로 만들어낸 과학자는 그때까지 아무도 없었다. 그녀의 연구가 사실이라면 노벨상 급의 임팩트를 세계에 안기는 것이기에 미래의 재생의학에 혁명적인 약진을 부여할 수 있다고 기대했다.

그래서 국내의 모든 매스컴이 이 뉴스를 대대적으로

보도한 것도 무리가 아니었다. 더욱이 논문을 진두 지휘한 오보카타가 젊은 여성이라는 사실과 평소에 소매가 있는 일본의 전통 앞치마를 입고 연구를 진행한다는 점에서 큰 화제를 낳았다.

그녀가 화제의 인물이 된 데는 남다른 스펙도 한몫했다. 당시 그녀는 이화학연구소 내에 있는 발생재생과학종합연구센터 세포 리프로그래밍 연구팀의 주임이었다. 세상 사람들은 이런 식으로 복잡하지만 뭔가 있는 듯한 직책에 묘한 매력을 느낀다. 게다가 그녀는 서른을 갓 넘긴 빼어난 미모의 소유자였다.

그녀는 와세다대학을 졸업한 후에 동 대학원에서 생명의학을 전공하고 공학박사 학위를 취득했다. 와세다대학 박사과정 재학 중에는 하버드대학에 유학하여 2년간 연구 활동을 했고, 그 뒤 일본으로 돌아와 이화학연구소의 연구원으로 일하게 되었다.

그러나 세인의 관심을 한 몸에 받으며 명성을 날리던 그녀의 행적은 그리 오래 가지 못했다. 만능줄기세포에 대한 평가가 불과 수개월 만에 크게 달라졌기 때문이다.

세계의 연구자들이 동일한 방법으로 실험해본 결과 누구 하나 성공하지 못했음은 물론이고, 그녀의 논문에서 다른 사람의 논문을 거의 짜깁기한 수준의 조작 흔적이 발견되었다. 이로써 논문은 발표된 지 불과 5개월 만에 철회되었고, 국제적으로는 '과학사에 길이 남을 가짜 연구'라는 오명까지 얻게 되었다.

나는 이 문제를 조금 복잡한 심경으로 지켜보았다. 자연과학 전문 저널 〈네이처〉에 게재된 오보카타의 논문은 2편인데, 그 연구 논문에는 많은 공동 저자들의 이름이 올라가 있다.

논문이 가짜라면 그들도 책임을 피할 수 없다는 말들이 언론지상에 공공연히 쏟아졌고, 이화학연구소를 당장 폐쇄시켜야 한다는 목소리도 비등했다.

바로 이런 이유 때문에 논문에 공동 저자로 이름을 올렸던 사사이 요시키笹井芳樹 이화학연구소의 부원장이 자살하는 일이 벌어지고 말았다. 그는 세계적인 줄기세포 연구자로 평가받는 인물이었다.

계속 확대되는 책임의 소재

오보카타의 연구 논문이 정말로 획기적인 성과를 얻는 결과를 낳았다면, 그 논문에 최초로 이름을 올리는 것만으로도 연구자로서 큰 영광이 되었을 것이다. 그렇기에 그 일에 별로 공헌이 없는 연구자들조차 앞다퉈서 이름을 올리려고 했던 것이다. 이는 연구자로서 정말이지 야비한 행위다.

문제는, 일본에서 줄기세포 연구에 최고 전문가로 손꼽히던 사사키 요시키조차 오보카타에게 속았다는 사실이다. 사사키만이 아니라 또 다른 줄기세포 연구자인 야마나시대학의 와카야마 테루히코若山照彦 교수도 속았다.

이들은 하나같이 생명공학 분야의 권위자들로, 가짜 논문에 이름을 올렸다는 이유만으로 한 통속이라 매도되어 학계에서 퇴출되기에는 너무도 아까운 인재들이다.

물론 속은 사람들에게도 잘못은 있어 책임을 피할 길은 없겠지만 오보카타와 동일 선상에 올려놓고 비난을 퍼붓는 데는 문제가 있다고 생각한다.

일본의 조직문화에는 누군가 잘못을 저지르면 구성원 모두에게 책임을 묻는 경우가 흔하다. 연대 책임이라는 제재 행위를 통해 조직의 결속을 꾀한다는 것인데, 아무도 이런 일이 이상하다고 생각하지 않는다.

나는 만능줄기세포 조작 사건에서 논문에 이름을 올린 다른 연구자들에게 오보카타와 동일한 죄를 묻는 것은 일본의 과학계를 생각한다면 결코 현명한 선택이 아니라고 본다.

어느 고등학교에서 야구부 선수 하나가 술을 마셨다가 발각되는 바람에 선수 전체가 책임을 지고 전국 규모의 야구대회에 나가지 못하게 된 일이 있었다.

술을 마신 선수 한 사람에게 책임을 물으면 될 일을 아무 상관도 없는 팀원들에게도 벌을 주는 것은 너무도 심한 처사였다. 학생들은 야구로 성공하고 싶어 밤낮없이 운동을 해왔을 텐데, 한순간에 기회를 박탈당하다니 정말 억울했을 것이다.

일본은 개인의 책임을 조직 전체의 책임으로 생각하는 경우가 빈번하다. 문제는, 이 억지스러운 연대 책임을 확대해 나가다 보면 책임의 범위가 제한 없이 퍼져나간다는 점이다.

야구부의 그 선수 경우만 봐도 팀원 한 사람의 음주가 연대 책임으로 확산되었는데, 야구부의 책임은 학교의 책임이기도 하니 학교 자체를 폐교시키라고 한다면, 가당키나 한 일이겠는가? 이렇게 한심스러운 일이 또 어디 있을까 싶다.

어떤 벌을 주더라도, 그것은 어디까지나 규칙을 어긴 개인이 받아야 할 문제다. 그럼에도 책임을 광범위하게 확대시키면 오히려 책임 소재가 애매해지게 된다. 흔히들 유럽은 개인주의가 만연하다고 말하는데, 그것은 책임의 소재를 개인에게 한정하는 걸 의미하는 것이다. 즉, 책임질 사람을 분명히 해두는 것이다.

20

돈에 오염된
학자들의 세계

조작을 해서라도 논문을 발표하고 싶은 유혹

만능줄기세포 논문 조작 사건의 배경을 들여다보면, 연구 자금의 배분 문제가 도사리고 있음을 알게 된다. 사실 한 연구소에서 팀의 리더가 되면 꽤 큰 금액의 연구비를 지원받을 수 있다.

오보카타의 경우에도 그녀가 연구팀의 리더로 뽑혔기에 상당한 연구비를 지원받을 수 있었다. 당시 일본에는 그녀와 비슷한 연령과 업적을 가졌어도 팀의 리더가 아니었기에 제대로 대우받지 못한 연구자들이 많았을 것이다.

생명과학 분야에서 최첨단 연구를 진행하려면 최신 연구 기기를 구비하는 데만 엄청난 돈이 들어간다. 연구비가 없으면 연구 자체를 할 수 없기 때문에 연구자에게는 어떻게 연구비를 손에 넣을지가 사활이 걸린 문제가 된다.

기본적으로 정부기관의 과학 연구비 심사는 연구 내용만 보는 것이 아니라 표면적인 형식도 본다. 그렇기에 연구팀의 리더가 발표한 논문의 수와 연구 논문을 발표한 저널의 영향력이 클수록 지원을 받을 가능성이 높아진다.

게다가 어느 해에 연구비를 받으면 다음 해도, 그다음 해도 계속 지원을 받을 수 있는 확률이 높아진다. 반면 논문의 수가 적고 발표한 매체의 지명도가 낮으면 지원을 받기가 어려워진다. 그래서 어떻게든 연구비를 받기 위해 논문의 수를 늘리고 가급적이면 저명한 잡지에 발표하려고 기를 쓰게 된다.

돈이 있으면 좋은 성과를 올리기가 쉬워지니 결국엔, 우수한 연구자라서 돈이 모이는 게 아니라 돈을 획득할 능력이 있는 사람이 우수한 연구자로 대접받게 되는 것이다.

이런 판국이니 대부분의 젊은 연구자들은 업적을 만들어 지위를 얻고 다수의 연구비를 획득하는 위치에 올라설지, 아니면 업적을 만들 수 없어서 지위도 낮고 돈도 없는 위치로 추락할지, 그 경계선 위에서 필사적으로 분투하게 된다.

이러니 들키지만 않는다면 날조를 해서라도 논문을 발표하고 싶은 유혹에 빠지는 걸 이해할 수 없는 것도 아니다.

최근에는 최첨단 실험 기기가 있으면 연구 능력이 떨어지는 사람이라도 나름의 성과를 낼 수 있게 되었기 때문에 다양한 기자재를 사용할 수 있는 환경이 매우 중요해졌다.

예를 들어 유전자의 염기 배열을 자동적으로 읽어내는 최신 DNA시퀀서를 사용할 수 있어, 생물의 유전자를 세밀하게 분석할 수 있었다고 치자.

그 결과 형태가 꽤 달랐던 종들이 의외로 가까운 유전자 배열을 갖고 있음을 알게 되었다고 가정해보자. 만약 이런식으로 새로운 발견이 계속 나오다 보면 어렵지 않게 논문을 쓸 수가 있다. 최첨단 기계 덕분에 수월하게 논문 한 편이 완성되는 것이다.

참고로, DNA시퀀서의 제작 원리인 '중합효소 연쇄반응 Polymerase chain reaction'*을 발견한 캐리 멀리스Kary Mullis라는 미국의 생화학자는 1993년에 노벨화학상을 수상했다.

멀리스는 여자 친구와 자동차에서 데이트를 하던 중에 DNA시퀀서를 개발할 아이디어가 떠올라 급히 차에서 내려 손에 잡힌 아무 종이에다가 써 내려갔다고 한다.

보통 노벨상은 그때까지 알려지지 않은 새로운 발견에 대해 수여하는데, 멀리스는 DNA를 증폭시키는 도구를 만들어서 상을 받았다.

이는 매우 획기적인 일이었다. 멀리스 같은 인물이 노벨상을 받게 되었다는 것은, 새로운 발견에는 새로운 기술적 개발이 크게 관여한다는 걸 의미한다고 볼 수 있기 때문이다.

DNA시퀀서 도입 후 생물학은 혁명적으로 진보하게 되었고, 세계 각지의 연구자들은 이를 이용해서 엄청난 성과를 이루어냈다. 지금의 생물학은 DNA시퀀서라는 첨단

---

* DNA의 양을 증폭시키는 기술로 적은 양의 DNA를 가지고도 단시간에 증폭시켜 분류하는 방법이다. 흔히 유전자 검사나 병원체를 분류하는 데 사용한다.

기기 없이는 어떤 연구도 할 수 없는 상황에까지 이르렀다. 그런 의미에서 멀리스는 역사상 최초로 유인 동력 비행을 성공시킨 라이트형제와 필적하는 인물이라고 해도 지나친 말은 아닐 것이다.

21

성과주의가
세상을 망치고 있다

논문에 공동 저자로 이름을 올리고 싶어 하는 교수들

논문 발표는 학자가 해야 하는 업무 중에서도 중요한 일에 속하는데, 최근에는 논문에 이름만이라도 올리는 게 중요한 일처럼 되어버렸다. 논문의 수가 업적의 핵심이 되다 보니 내용보다 수량을 올리지 않으면 안 되기 때문이다.

논문에는 연구자 한 사람이 쓴 단독 저자의 논문과 복수의 사람이 공동 연구한 성과를 쓴 공동 저자의 논문이 있다. 당연히 공동 논문보다는 단독 논문을 하나 쓰는 게 훨씬 더 많은 시간과 노력이 필요하다.

　문제는 지극히 소소한 공헌을 해도 이름을 올릴 수 있는 공동 저자든, 혼자 모든 것을 다 해낸 단독 저자든 1편의 논문이라는 점에서는 변함이 없다는 것이다. 그렇기에 될 수 있으면 많은 논문의 공동 저자로 자신의 이름을 올리려고 하는 양심 불량자들이 계속 나타난다.

　연구자들 중에는 자신의 지도 아래 있는 대학원생 10명이 각각 연구 성과를 논문으로 작성하면, 그 논문들에 이름을 올리는 뻔뻔한 사람도 있다. 그렇게 하면 자동적으로 논문 10편의 공동 저자가 된다.

　최근엔 '피인용지수'나 '저널 영향력 지수'라는 관점으로 업적을 평가한다. 전자는 논문이 다른 연구자들에게 얼마나 인용되고 있는지를 보는 것이고, 후자는 게재한 저널이 얼마나 영향력이 있는지를 평가하는 것이다.

　그런데 이런 평가가 중요하게 취급되기 시작하면, 동료들이 쓴 논문을 서로 인용하는 사태가 생긴다. 말 그대로 상부상조하는 것이다.

사실 논문의 영향력을 수년 동안에 걸쳐 통계를 낸다는 것 자체에 무리가 있다. 과학의 업적은 본래 발표로부터 10년 정도 지나야 가치를 인정받을 수 있기 때문이다.

아인슈타인의 '상대성이론'이나 제임스 왓슨James Watson과 프란시스 크릭Francis Crick의 'DNA 이중나선 구조'처럼 연구 발표 후 얼마 지나지 않아 업적을 인정받은 논문도 있지만, 아무도 주목하지 않거나 내용 자체가 틀렸다며 어느 순간 사라지는 논문들도 많다.

세계적인 업적을 남긴 과학자들은 때로는 같은 장소나 같은 시기에 출현하는 일도 왕왕 있었다.

예를 들면 '중간자이론'을 발표해서 노벨물리학상을 수상한 유카와 히데키湯川秀樹, '장의 양자론'을 일신시켜서 함께 노벨물리학상을 수상한 아사나가 신이치로朝永振一郎, 일본원숭이 연구로 일본의 영장류학을 세계 수준으로 끌어올린 이마니시 킨지今西錦司 등은 모두가 1900년대 초에 태어나 교토의 제3고등학교를 나오고 교토대학에서 공부했다.

이들 모두는 각자의 스타일에 따라 자유롭게 연구를

했던 과학자들이었다. 그때는 성과주의나 논문 지상주의 같은 용어조차 없었고, 아무도 그런 것에 신경 쓰지도 않았다.

학자로서 우수한 업적을 올리는 것과 논문의 편수, 발표매체는 직접적인 연관이 없다는 얘기다. 물론 성과주의가 몽땅 나쁘다고 할 수만은 없다. 성과주의를 내세우는 것은 전혀 일을 하지 않는 학자를 퇴치할 수 있는 가장 좋은 방법이니 말이다.

성과주의가 낳은 비극

그러나 성과주의의 가장 큰 문제는 독창적인 연구를 하는 학자의 싹을 밟아버린다는 것이다. 옛날에는 몇 년간 1편 정도밖에 논문을 쓰지 않아도 수준이 높으면 자유롭게 연구하게 놔두었다. 그런 자유로운 연구로부터 놀랄 만한 업적이 탄생하기도 하는데, 성과주의가 만연한 곳에는 절대 그렇게 될 수가 없다.

먼저 채용부터가 달라진다. 논문을 1년에 7편을 쓴 연구자와 1편밖에 쓰지 않은 연구자가 어떤 자리에 같이 응모했을 때, 후자를 채용하고 싶다는 생각이 들면 왜 그의 연구가 대단한지를 사람들에게 설명해야 한다.

그런데 연구의 대단함을 객관적으로 설명하기란 아주 어렵다. 어떤 상을 받았는지, 학계 권위자들의 평가는 어떠했는지를 알 수 있다면 이야기는 쉬워지겠지만 보통은 알기가 어렵다.

업적을 평가한다는 것은 곧 그 연구의 중요성을 연구 당사자 이외의 인물이 판단한다는 걸 의미한다. 그런데 전공이 같은 사람이 아니라면 논문 내용을 정확히 평가할 수 없으니 결국은 피인용지수나 저널 영향력 지수라는, 언뜻 보기엔 대단히 객관적인 자료들로 평가하게 되는 것이다.

그래서 채용이나 승진을 원하는 학자들은 되도록이면 그럴듯하게 보일 만한 연구를 좋아한다. 하지만 사실 세상을 놀라게 할 임팩트를 주는 연구들은 논문의 편수나 영향력 지수 같은 형식적인 기준들과는 상관이 없다.

1편의 논문이라도 그 연구가 정말로 독창적이고 세상에 도움이 되는 것이라면, 자연스럽게 학계와 사회에서 업적을 인정받게 될 것이다. 아마 만능줄기세포 논문의 공동 저자이자 오보카타의 채용에 힘썼던 사사이 요시키도 그런

가능성과 가치를 염두에 두었던 것 같다. 물론 그 판단이 맞았더라면, 자살이라는 비극적인 결말로 치닫지 않았겠지만 말이다.

독창적인 연구란, 성공이 확실하지 않기에 위험 부담을 안아야 하는 것이다. 이런 위험 부담을 젊은 연구자들에게만 맡기고, 그들에게 채용과 승진을 담보로 훌륭한 연구를 바라는 것은 너무 잔혹한 일이다.

22

교육제도를 바꿔도
학생들은 똑똑해지지 않는다

아무도 책임지지 않는 엉망진창 교육제도

정치가나 정통 관료들이 내세우는 업적이란 걸 보면 '지금까지와는 다른 행정을 했다'는 것이 대부분인데, 이는 국민을 바보로 알고 하는 말이다.

불필요한 공공기관을 없애는 식의 개혁은 사실 그럴 수도 없고, 하더라도 정말 쓸데없는 짓이다. 설령 개혁적인 기관이 새로 출범했다 해도 예전의 공무원들이 예전에 했던 일들 중에서 가장 잘했다고 여기는 짓거리를 반복할 것이기에 더욱 그렇다.

교육 행정 책임자가 바뀔 때마다 반드시 대학입시를 비롯한 교육제도가 바뀌는 경우가 대표적이다. 우리가 알다시피 교육제도는 바뀔수록 더욱 나빠져만 간다. 그럼에도 누가 책임을 지느냐 하면, 사실은 아무도 책임지지 않는다.

그러다 시간이 좀 지나서 교육제도의 개편을 부르짖던 책임자가 다른 자리로 이동하거나 정치적인 이유로 물러나게 되면, 후임자로 온 책임자는 또다시 다른 제도로 바꾼다.

오래전 이야기지만 섣불리 교육제도를 바꾸려다 생기는 문제점을 보여준 좋은 사례가 있다. 1967년, 도쿄교육위원회 위원장에 취임한 오비 토라오小尾乕雄는 도쿄의 공립 고등학교 중에서 상위권을 차지하는 학교들이 대학입시만을 위한 입시학원처럼 변질되고 있고, 이에 따라 학생들의 학력 차이가 점차 벌어지고 있다고 주장하며 '학군제도'라는 걸 도입했다.

이 제도는 몇 군데 학교를 한 그룹으로 묶어서 그룹 안의 학교들 간에 학력 차이가 나지 않도록, 공부를 잘하는 학생들을 똑같이 배분한다는 내용을 골자로 실행된 것이었다.

그러나 부작용은 예상 외로 컸다. 이 제도로 인해 그때까지 매년 200명 이상의 졸업생을 도쿄대학에 진학시켰던 명문 학교인 히비야日比谷고등학교는 물론이고 그 밖의 다른 명문 고등학교들의 학력이 계속 저하되어 갔다.

하향평준화가 낳은 비극이었다. 아마 오비 토라오는 "엘리트만 모이는 듯한, 특권적인 고등학교를 국민의 혈세로 운영하는 것은 공정한 행정관리자로서 할 일이 아니다." 라고 생각했던 것 같다.

애초 그는 기존의 교육제도를 혁신해서 도립고등학교 간의 학력 평준화를 노렸던 것인데, 우수한 성적을 가졌던 학생들은 오히려 이에 반발하며 국립대학의 부속고등학교나 명문 사립학교로 진학했다. 그 결과, 히비야고등학교 같은 명문 도립고등학교들의 학력만 급속히 저하된 것이었다.

1982년에 학군제도는 폐지되었지만, 오늘날까지도 도쿄대학의 합격률이 압도적으로 높은 곳은 국립대학의 부속고등학교와 사립학교들이다. 과거 명성이 높았던 도립·공립고등학교들은 여전히 과거의 영광을 찾지 못하고 있다.

과거에는 집이 가난해도 똑똑했다면 도립학교와 도쿄대학을 거쳐 부모보다 높은 사회적 지위를 가질 수 있었다.

하지만 이제는 학비가 비싼 사립학교에 입학하지 못하면 명문 대학으로 진학하기가 어려워졌고, 그에 따라 높은 사회적 계층으로 진입하기는 더욱 불가능해졌다.

정치인이나 관료들은 누구라도 이제까지의 방법은 잘못되었기에 내가 개혁하겠다고 말하고 싶어 한다. 자기 임기 내에 뭔가 큰 것 한 방 터뜨리고 싶은 게 그들의 속성이기 때문이다. 그래서 개혁이란 이름으로 용감하게 기존의 제도를 건드리지만 대개 오래가지 못하고 실패한다. 공무원들도 상관의 명령에 따라 움직이는 샐러리맨이기에 위에서 결정한 사항에 반기를 들 수가 없다.

하지만 분명한 점은 제도를 함부로 건드리는 동안에 투입된 막대한 노력과 세금은 결코 되돌리지 못한다는 것이다.

오늘의 대학이 학생들에게 강요하는 것들

제도를 바꿔도 대학의 서열은 변화될 리가 없다. 학군 제도를 적용해서 도쿄대학과 삼류 대학을 같은 학군에 넣으면 다르겠지만 말이다.

　세상 사람들은 대학교수는 어차피 시간이 남아도는 사람들이니 조금 힘들게 만드는 편이 좋다고 생각한다. 대학교수를 혹사시키는 것에 대해 반발의 소리를 높이는 경우는 별로 없다.

　옛날의 대학교수들은 수업이 있는 날 갑자기 휴강을 해도 이상한 일이 아니었다. 노벨물리학상을 수상한 아사나가 신이치로 선생 또한 1년에 한두 번 정도밖에 수업을 하지 않았지만 학점은 꼬박꼬박 주었기 때문에 오히려 학교 입장에서는 고마울 따름이었다.

　휴강을 할 때는 게시판에 통고문을 붙이는 게 보통이었는데 아사나가 선생의 경우는 그 반대로 '몇 월 며칠에 수업이 있으니 강의실로 오세요'라고 올렸다. 그러면 다른 과 학생들도 노벨상 수상자의 수업을 듣고 싶다면서 강의실을 빼곡히 채웠다.

　그 정도로 띄엄띄엄 수업을 해도 학생들은 딱히 불만을 가지지 않았고, 학생들 스스로도 공부하고 싶으면 알아서 하면 된다는 식이었다. 대학 당국도 그것으로 됐다고 여겼다.

　꼬박꼬박 강의를 듣는다고 해서 학생이 쓸모 있는 인간이 된다는 보장은 어디에도 없다. 하루 두세 시간씩 수업을 받는다고 똑똑해질 리도 없으니 말이다. 정 그렇게 공부하고 싶은 학생은 도서관에서 혼자 공부하면 되니, 그런 노력도 없이 교수의 강의만 듣는다고 지식이 습득될 리 없다는 얘기다.

　나도 대학에 다닐 때 강의는 거의 듣지 않았고, 현장학습이나 실험 이외의 지식은 전부 독학으로 익혔다.

　"교수의 강의가 그리 큰 의미가 없다면, 그럼 무엇을 위해 대학이 존재하는 것이란 말인가?"

　이렇게 묻는 사람들에게 나는 이렇게 대답하고 싶다.

　"대학이 존재하는 본질적인 이유는 대학교수와 학생들에게 대학생활이라는 자유로운 시간을 줌으로써 관습에 쫓기면 결코 이룰 수 없는 것, 말하자면 새로운 아이디어나 이노베이션 창출 같은 일들을 해내기를 바라기 때문이다."

　그렇지만 획기적인 성과를 만들어내기 위해서는 다양성과 합리성, 그리고 여유가 필요하다는 사실을 사회가 이해하지 못하기 때문에 대학은 지식의 생산이라는 가장 중요한 기능을 상실해왔다.

물론 안타깝게도 자유 시간을 그냥 놀면서 탕진해버리는 사람도 있겠지만, 개중에는 심혈을 기울여서 새로운 지식을 생산하려고 애쓰는 소수의 사람들도 분명히 존재하고 있다. 그러나 지금의 대학은 이런 사람들이 존재할 여지를 거의 주지 않고 있다.

23

소수의견이
묵살되는 사회

중간이 없는 사회는 불행하다

일본에서는 정치적으로 중요한 문제가 생기면 찬성과 반대 두 가지로 갈린다. 중간은 없다. 어떤 문제에는 반드시 여러 의견이 존재하기 마련인데, 매스컴도 대개는 흑이냐 백이냐 양극단의 의견을 병기해서 불을 지피려고만 든다.

그런 세상이니 사람들은 소수의견에는 귀를 기울이지 않은 채 찬성인지 반대인지로만 판단하려고 한다. '당신은 어느 쪽이냐?' 하고 흑백논리로만 따지고 들면 세상은 자연히 흑백사진처럼 단순해지고 만다.

정치인들도 그것을 잘 알고 있기 때문에 극단적인 말로 대중에게 판단을 내리라고 강요한다.

"당신은 원자력 발전에 대해 반대한다고 하는데, 만약 원자력 발전소의 가동이 완전히 중단되어 100년 전 생활로 돌아가도 좋습니까?"

자기가 원하는 의견을 듣기 위해 동조압력을 강요하는 것이다. 누군가 이렇게 물으면 틀림없이 "그건 좀……"이라고 얼버무릴 것이다. 원자력 발전소가 더 이상 늘어나지 않기를 바라지만, 전기라곤 없는 100년 전 생활로 돌아가고 싶지는 않다는 이중적 태도를 보이는 것이다.

"원자력 발전을 멈추는 편이 좋지만, 지금 당장 전면적으로 중단하는 건 어려우니 10년 후까지 차차 멈출 준비를 하면서 로드맵을 만들자."

이렇게 논의하면 좋을 텐데, 정치하는 사람들은 좀처럼 그런 방향으로 논의하지 않는다. 그렇게 귀찮은 일을 국민들이 알게 되면 곤란하기 때문인지 정치인들은 애당초 찬성이냐 반대냐 둘 중 하나로 흑백을 가리려는 것이다.

원자력 발전을 추진하는 사람들은 "원자력 발전을 재가동시켜야 경제가 산다. 화력 발전 쪽은 돈이 더 든다"고 계속 떠들어댄다. 실제로는 화력 발전 쪽이 훨씬 돈이 덜 드는데 말이다.

원자력 발전 반대파에서는 "이렇게 지진이 많은 나라에서 여전히 원자력 발전을 가동시키는 것은 있을 수 없다. 즉각 전면 폐지해야 한다. 절대 인정할 수 없다"고 하는데, 이는 원자력 발전으로 얻는 이득은 물론이고 그 분야에서 일하는 사람들을 깡그리 무시하는 주장이다.

양쪽의 의견이 확연히 대립되어 겹치는 부분이 거의 없으니 깊은 논의가 될 리 없다. 따라서 원자력 발전에 대해서 의견을 정하기 어려운 일반인들도 결국 투표를 하게 될 때는, '원자력 발전 추진이냐, 반대냐'라는 양자택일을 강요받는다. 이 또한 동조압력의 하나다.

원래는 양자 간에 여러 의견들이 있기 마련이고, 그 안에서도 다양한 방안이 존재할 텐데 그런 의견들은 제시되는 일조차 없이 그저 무시된다.

그렇게 되면 과학적인 판단보다는 원자력 발전을 믿

어야 할지 여부를 가리는 마치 종교적 논쟁과 같은 상황에 놓이게 된다. 의견이 얼마나 합리적이고 올바른지가 아니라, 그 의견을 말하는 사람이 얼마나 믿을 만한지 감정적 판단을 하는 사람들만 늘어간다.

중간은 없고 양극단만 있는 사회는 다양성이 없는 건조한 사회라는 점에서 불행하다. 일본이 그런 획일적인 세상으로 변질되어 가는 상황을 보면 이런 판국에 경제 대국을 자부해봐야 무슨 소용이 있는지 묻고 싶어진다.

24

다수결이라는
한심한 원칙에 대하여

소수가 눈에 띄게 행동하면 괴롭힘을 당한다

교육부 발표에 의하면, 국공립 또는 사립대학에서 학생들을 가르치는 교육자 수는 18만 명에 달한다고 한다. 이 발표만 보면 대학에서 일하는 교육자가 꽤 많은 것으로 보일지 모르지만 조금만 들여다보면 전혀 그렇지 않다는 걸 알 수 있다.

일본의 취업자 수를 6,000만 명이라고 하면 대학에서 일하는 교육자는 300명에 1명꼴이다. 다시 말해서 300명을 모아놓으면 그 중에 한 사람 정도라는 것이다.

전 국민을 통틀어 보면 이렇게 극소수에 불과한데도, 대학교수들은 TV나 신문에 지식인을 자처하며 자주 등장한다. 그 때문에 사람들은 간혹 대학교수를 가리켜 잘난 척하는 인간들이라고 손가락질을 하기도 한다.

소수집단에 속하면서도 미디어 매체를 통해 사람들의 눈에 자주 노출되다 보니, 오히려 괴롭힘의 대상이 되기 쉬운 것이다. 이는 다수의 괴롭힘과 무시가 소수를 표적으로 하기 때문이다.

일본의 농촌사회를 봐도 이를 알 수 있다. 농민들이 정치권에 강한 영향력을 행사하던 시대에 이들을 무시하는 것은 다음 선거에서 낙선을 예약해두는 일과 같았기에 정치인들은 항상 농민들의 눈치를 봐야 했다.

하지만 오늘날 농민들은 20여 년 전과 비교해서 소수집단이 되어버렸기 때문에 정치인들은 그들의 의견을 무시하거나 반영하지 않는 태도를 취하는 것이다.

민주주의란 어쩌면 소수를 괴롭힘으로써 사회의 안녕

을 유지하는 일지도 모른다. 원래 민주주의의 근간인 다수결이라는 규칙은 소수가 된 쪽의 권리와 의견을 무시함으로써 성립하는 제도이기 때문이다.

담배는 나쁘고, 술은 괜찮다?

담배와 술에 대한 우리 사회의 태도도 같은 맥락에서 찾아볼 수 있다. 오늘날은 흡연자를 경멸의 대상으로 여기는 풍조가 만연한데 60년대만 하더라도 성인 남성의 흡연율은 84퍼센트에 이르렀다.

지금은 흡연율이 20퍼센트도 채 안 된다니, 흡연자를 마구 비난해도 테러를 당할 가능성은 적을 것이다. 정치인들도 국회에서 금연법을 만들자고 주장해도 선거에서 떨어질 일이 없다. 금연에 찬성하는 사람들이 반대하는 사람들보다 압도적으로 많기 때문이다.

전 국민의 20퍼센트에 이르는 흡연자들을 정부가 제재하지 않는 이유는 그들이 20조에 달하는 세금을 거둬들일 수 있는 중요한 세금원이기 때문이다. 만약 이들이 5퍼센트 이하로 낮아지면 일본에서는 전국적으로 금연법이 시행될 지도 모른다. 그때는 마약을 하는 이들처럼 담배를 피우는 사람들이 형사처벌의 대상이 되어 있을 것이다.

술은 사회적으로 지금도 널리 사랑받기 때문에 금지하자는 소리가 들리지 않는다. 음주운전이 처벌 대상이 되는 것은 '술에 취해서 운전하는 것'에 대해서만 엄격한 잣대를 들이대는 것뿐이지 술을 마시는 것 자체를 문제 삼는 건 아니다.

이는 아직은 술을 마시는 사람들이 다수이고, 술의 시장 규모도 커서 금지하면 경제적으로 타격이 크기 때문이다. 건강에 좋든 나쁘든 다수가 되면 막을 수 없다.

이와는 반대로 대마초처럼 극소수가 원하는 기호품은 배척하기에 완벽한 표적이 된다. 의학적으로 볼 때 대마초가 담배보다 건강에 훨씬 해롭거나 술에 만취한 상태보다 더 위험하다는 보장은 없다. 그런데도 단지 소수라는 이유만으로 피우면 처벌을 받는 것이다.

흡연도, 대마초도, 음주도 전부 다 보장받아야 할 자의성의 권리다. 사람은 타인이 가진 자의성의 권리를 침해하지 않는 한, 즉 타인에게 피해를 입히지 않는 한 무엇을 해도 자유다. 나는 이것을 성숙한 사회의 기본으로 삼아야 한다고 생각한다.

민주주의 사회에서는 다수가 소수의 행동이나 취미, 기호를 법률이나 조례로 규제할 수 있지만, 좀 더 합리적으로 생각하면 자의성의 권리 옹호는 법률보다 상위에 있는 것이다. 다만 다수가 그것을 이해하지 못하는 사회에서는, 참으로 한심스러운 법률이 사라지지는 않을 테지만 말이다.

25

집단 시위를 하지 않는
일본인

하고 싶은 말을 하지 않는 심리

매스컴들은 희생양을 발견하면 하나같이 들고일어나
일제히 비난하는 경우가 있다. 이런 시스템은 일본만이 아
니라 매스컴이 발달한 나라에서는 어디든 다 비슷하다.

문제는, 지금은 인터넷에서 누구라도 참여할 수 있기
에 24시간 내내 끝없이 계속된다는 점이다. 혼자 욕을 하면
명예훼손으로 고소당할 우려가 있기 때문에 억제하다가,
많은 이들이 그렇게 하면 당당하게 합세해서 아주 철저히

짓밟아버린다. 그러고 보면 인터넷을 장식하는 수많은 비난이나 증오의 글들은 보통 사람들의 불만 해소에 최적화되어 있는 듯하다.

이런 판국이니 아무리 욕을 먹어도 전혀 신경 쓰지 않는 사람이 아니면 기존의 상식을 뒤집는 대담한 글을 쓸 수 없게 되었다. 한 번 표적이 되었다가는 인격 살인을 당할 정도로 매도되기 때문이다. 웬만큼 간이 큰 사람이 아니면 이런 수모를 견디기 어려우니, 좀처럼 솔직하게 말하기 힘든 세상이 되고 말았다.

대중들은 '이 사람은 괴롭혀도 된다'고 생각되면 누구나 괴롭힌다. TV에 나와 사죄를 하거나 뭔가 변명을 하면 더 괴롭힌다. 비난이라는 불에 기름을 붓는 격이다.

그렇다면 어떻게 해야 할까? 별 볼 일 없는 늙은 생물학자 주제에 이따금 TV에 등장해서 객쩍은 소리나 하는 나 같은 경우는 누군가 나를 대놓고 비난하거나 욕을 하면, 그냥 내버려 둔다.

사실 나는 언제나 그렇게 해왔다. 내 책을 읽은 독자들이 나를 비난하면 그렇게 하도록 내버려둔다. '시끄럽다,

쓸데없다!'라고 혼잣말을 하고 그냥 깡그리 무시하는 것이다. 다만 '집에 불을 지르거나 하는 사람이 있다면 곤란한데……'라는 걱정은 하지만 아직까지 그런 일은 없다.

그런 식으로 비난을 일삼는 사람이 많음에도 일본인들은 대체로 침착한 편이다. 결론부터 말하자면, 그렇게 참지 않아도 된다고 말해주고 싶다. 제때에 하고 싶은 말을 하고 살면 익명의 뒤에 숨어서 아무한테나 증오 섞인 발언을 일삼지는 않을 것이기 때문이다.

동일본 대지진으로 인해 방사능 문제가 전국적인 이슈가 되었을 때, 일본 국민들은 헛발질을 일삼는 정부의 대응에 놀랍게도 하나같이 침묵을 지켰다. 왜 그 문제에 대해서는 누구도 격분을 토로하지 않았을까?

도쿄전력의 경영진들이 이 문제로 허리 굽혀 사죄하면서 월급을 절반으로 감봉하겠다고 선언했다. 그런데 그들이 말하는 감봉액이 실로 엄청났다. 절반으로 줄어든 금액이 3,500만 엔이었으니 말이다.

일본에서 그렇게나 많은 월급을 받는 사람들은 별로 없다. 연봉이 700만 엔이어서, 그 중에 절반이 깎여 350만 엔이 된다면 이해가 된다. 350만 엔으로 살아가기 힘들 테니 말이다. 하지만 절반이 날아갔어도 여전히 큰돈인 3,500만 엔이나 받으면서 이해해달라고 하니 일반 국민들은 어떻게 생각해야 할까?

연봉 7,000만 엔으로 10년 근무하면 7억 엔이다. 평범한 사람들은 평생을 일해도 만져보기 힘든 돈인데, 그렇다면 앞으로 5년 정도는 무급으로 일해도 그동안 번 돈으로 충분히 생활할 수 있을 것이다.

그러니 "사죄의 의미로 저희들의 월급을 전부 피해자에게 드리겠습니다!" 정도라면 모를까, 그들의 사과는 전혀 마음에 와닿지 않았다.

사실을 말하자면, 도쿄전력이라는 회사는 정부 요직을 그만두면 낙하산으로 자리를 옮겨오는 곳이다. 평생을 공무원으로 살면서 철밥통을 지켜온 사람들이 퇴직과 동시에 도쿄전력으로 옮겨서 연봉 7,000만 엔을 받아왔으니 나라를 뒤흔드는 엄청난 사고가 났어도 떠오르는 아이디어도 없고 처리도 미숙했던 것이다.

일본인들은 왜 국가적인 문제가 생겨도 집단적으로

행동하며 의사 표시를 하지 않는 것일까? 집단적인 의사 표시는 민주주의의 기본인데도 왜 그 기본을 자기 것으로 만들지 못하는 것일까?

그렇게 소극적으로 자기 앞만 바라보고 살아가는 국민이 대부분인데도 일본이라는 나라가 돌아가는 게 그저 기적이라고밖에 말할 수 없다.

사람들은 도쿄전력의 무능을 비난하면서 폭동을 일으키기는커녕 계속 회사에 출근하면서 도쿄전력이 힘들다고 하니 집안에서건 회사에서건 절전을 실행했다. 나처럼 "지금이 문제가 아니다"라고 말하는 사람이 별로 없었던 것이다.

그런 의지를 담아 〈월간 아사히〉라는 잡지에 '나는 국민의식이 부족하기 때문에 절대 절전을 하지 않겠다'는 내용의 글을 기고한 적이 있는데, 그때는 별로 비난을 받지 않았다. 나를 비난해도 사과할 리가 없으니 재미가 없어서 그랬을 것이다.

26

악당을
만들고 싶어 하는
사람들

빙어도 원래는 외래종이었다

나는 현재 일본의 집권 세력에 대해 비난의 목소리를 내왔지만, 사실은 너무 소심한 탓에 그리 크게 욕을 뱉어내지는 못했었다. 하지만 '신다윈설' 같은 생물학 이론을 부르짖거나 재래종을 지키기 위해 '민물 배스' 같은 물고기를 몰아내려는 외래종 배척주의자들에게는 자주 목소리를 내왔다.

생태 교란의 원흉으로 불리며 배척주의자들의 원성을 사는 민물고기 배스는, 사실은 잡아먹으면 꽤나 맛이 있다. 미국이나 중국에서는 민물 배스를 식용으로 쓰기 위해 양식도 할 만큼 미식가들의 선택을 받고 있는 종이다.

일본에 민물 배스를 처음 들여온 곳은 가나가와현神奈川県에 있는 아시노 호수芦ノ湖였다. 그 시절, 아시노 호수 부근의 숙박업소나 식당에서는 민물 배스를 요리해서 제공했는데, 그것을 먹으러 오는 외지 손님들이 엄청 많았다.

어찌나 인기가 있었던지 처음 얼마 동안은 민물 배스가 부족했기에 손님이 너무 많이 오면 바다에 나가 농어를 잡아다가 민물 배스로 속여 팔기도 했다고 한다.

지금은 모두가 생태 파괴의 주범이라고 민물 배스를 미워하지만 맛이 뛰어나다는 걸 알게 되면 인기 있는 물고기가 되지 않을까?

모르는 사람들이 많지만, 사실은 빙어의 시작도 마찬가지였다. 빙어는 원래 이바라기현茨城県의 가스미가우라霞ヶ浦 같은 해수호에만 살던 생선으로, 이를 전국 호수에 가져다 풀었던 것이다. 국내에서 국내로 이동시킨 것이지만, 도입한 호수에서 보면 외래종이나 다름없다. 지금은 전국의 모든 호수에서 살고 있고, 빙어 잡이가 인기다.

빙어는 유용한 물고기로 여겨져서 누구도 몰아내려고 하지 않는다. 코스모스도 외래종이지만 없애려고 하지 않는다. 하지만 코스모스와 닮은 금계국화는 꽤나 예쁜데도 어느 지방에서는 번식력이 너무 강하다는 이유로 가급적 없애려고 한다.

기준은 자의적이다. 쌀도 뿌리를 따지면 외래종이다. 다만 다른 것은 지금으로부터 2500년 정도 전에 들어와 완전히 뿌리를 내렸다는 점이다.

그렇게 보면 대부분의 작물이 외래종이고, 와인도 외래종 포도로 만든 것이다. 결국에는 일본 열도에서 살고 있는 현재의 일본인들조차 역사가 그리 오래되지 않은 외래종이라고 할 수 있다.

따라서 외래종을 배제하자고 떠들어대는 건 말이 안 된다. 외래종을 악당 취급하며 배척하자고 목소리를 높이는 자들에게 뭔가 이득이 있을 수 있기에 그러겠지만, 나는 그렇게 악착같이 외래종을 없애지 않아도 문제가 없다고 본다.

민물 배스의 경우 생태계를 파괴한다고 떠들어대지만, 1종이든 2종이든 외래종이 침입해도 인간이 살아가는 데는 별로 문제가 되지 않는다. 무엇이든 정도의 문제라는 얘기다.

　따오기가 일본에서 멸종되었다며 일부러 중국에서 데려다 번식시키고 있다. 어디 오늘의 일본 열도에서 말없이 자취를 감춘 것이 따오기뿐이겠는가.

　속을 들여다보면, 따오기의 번식이 환경부의 이득이 되기 때문에 소란스러운 것이다. 그런 일들로 예산을 따고, 이런저런 이유를 대며 국민의 세금을 낭비하는 게 그들의 중요한 일이기 때문이다. 나는 민물 배스를 없애는 것보다 쓸데없는 일을 벌리는 환경부 자체를 없애서 그 돈을 국민 복지를 위해 쓰는 게 낫다고 생각한다.

27

모두가 같이하면
두렵지 않다

'헤이트 스피치'가 언론 자유를 빼앗는 역설

언론 자유는 사회의 건전성을 유지하는 중요한 장치다. 언론 자유가 없는 세상은 정치인들의 생각대로 될 위험성이 높기 때문에 언론이 이를 지켜보며 제때에 목소리를 내는 것이다. 스탈린 정권하의 소비에트 연방처럼 체제에 대해 작은 비판도 허용하지 않았던 국가는 엄격하게 언론을 통제해서 국민의 안전을 위협하는 사태가 일어나도 그것을 간단히 감출 수 있었다.

예를 들어 오늘날의 중국에서는 수만 명이나 되는 정보요원들이 국민의 인터넷 사용을 감시해서 천안문 사태 같은 반체제 운동이 이어지지 않도록 엄격히 통제하고 있다.

다른 한편으로 언론 자유는 동조압력과 밀접한 관계가 있다. 언론 자유라는 이름하에 주로 익명으로 무책임한 담론들이 형성되는데, 이러한 담론 중에는 정치적인 의도를 가진 것과 그저 아무 말이나 마구잡이로 떠들어대는 게 있다. 이 두 가지를 혼용한 것들이 인터넷 공간에서 떠돌고 있는 게 현실이다.

근거가 확실한 정치적 발언이라면 실명으로 해도 좋을텐데, 그런 사람들은 극히 드물다. 저질스러운 담론을 무분별하게 쏟아내는 공격을 보면 단순히 스트레스 해소에 지나지 않는다는 걸 알 수 있다.

그러나 표적이 된 사람이 입는 피해는 막대하고도 혹독하다. 대체로 표적이 되는 사람은 스캔들에 휘말린 유명인이나 실언을 한 일반인들이 많은데, 이들을 향해 쏟아지는 '아무 말 대잔치' 같은 증오의 막말들은 독화살보다 무서울 때가 많다.

게다가 비난받는 사람을 옹호하면 비난의 화살이 다음엔 그를 향할 수 있다. 실명이면 처음으로 말을 꺼내는 것부터 어렵지만, 익명이기에 아무리 심한 담론이라도 많은 사람들이 동조하면 안전하다고 생각한다. 맹목적인 비난도 모두가 함께 동참하면 무섭게 느껴지지 않는 것이다.

최근 인종이나 성적 지향 등이 자신과 다르다는 이유로 증오감이 철철 넘치는 표현으로 타인에게 심각한 공격을 가하는 사람들이 문제가 되고 있다. 이들을 법적으로 규제해야 한다는 움직임이 보이는데, 나는 이 또한 위험한 결과를 가져올 수 있다고 생각한다.

어떤 방식으로든 언론의 자유를 억압하는 내용의 법안이 통과되면, 그 법안은 악용될 가능성이 높다. 가령 정부나 집권 세력을 비난하는 발언도 일종의 '헤이트 스피치 Hate speech'라며 법적 규제를 받게 될 지도 모른다.

타인을 향한 혐오가 가득한 발언들이 심각한 수준에 이르렀다고 판단되면, 소음 규제나 명예훼손으로 법적 처벌을 하면 된다. 그런 바보 같은 소리를 남발하는 사람들의 자유를 관련법을 제정하면서까지 제한하는 것은 독재로 가는 길이나 다름이 없기 때문이다.

어떤 담론이든 권력자가 그 타당성을 판단해서는 안 된다. 국민의 문화 수준이 올라가면 사람들은 스스로 그따위 바보 같은 담론들은 무시하게 될 것이다. 세계적인 경제 대국의 국민들이 그 정도도 못한다는 것은 말이 안 된다는 게 내 생각이다.

Part 4 소수의견이
중요한 세상이다

독재정치보다 다수결이 전제가 된 민주주의가 더 바람직한 제
도일까? 더욱이 과반의 찬성표로 뽑힌 정치인들과 그들이 채
택하는 법안들이 사회에 유익한 결과를 가져오지 않을 때는 어
떻게 해야 할까?

28

민주주의는
사상 최악의
정치제도

민주주의 안에 도사린 문제들

윈스턴 처칠은 민주주의가 사상 최악의 정치제도라고 단언했다. 그는 왜 이런 말을 했을까?

민주주의의 반대는 독재정치다. 독재정치란 특정한 개인이나 집단, 계급 따위가 모든 권력을 쥐고 마음대로 일을 처리하고 지배하는 것을 의미한다. 일반 국민의 의견이 철저히 무시되고, 권력자의 의지대로 국가를 경영하는 것이다.

독재에는 그렇게 부정적인 의미가 다분한데도 그리스 철학자 플라톤은 매우 탁월한 견해를 갖고 있는 사람이 민중을 다스리는 '현인정치'야말로 제일 바람직하다고 했다.

그렇지만 어떤 사람도 평생 동안 현인으로 살아갈 수는 없다. 절대 권력은 절대 부패한다는 말처럼 아무리 우수한 통치자라도 권력이 집중되면 자신의 반대자를 숙청하고 악랄한 독재자로 변해가는 것이 일반적이다.

이를 막기 위해서 민주주의 쪽이 더 낫다는 논리가 성립되지만, 민주주의에도 큰 문제는 있다. 다수의 의견을 따르지 않았을 때 대중의 질시와 원망, 한탄의 소리를 모두 받아내야 한다.

또한 다수의 의견을 벗어난 정책을 펼치기 힘들기에 자칫하면 동조압력을 옹호하는 정치 체제로 변질될 위험성이 있다. 그렇게 되면 소수는 자의든 타의든, 취미든 기호든, 소수라는 이유만으로 법적 처벌의 대상이 될 수밖에 없다.

현재 대다수에 속한 사람들은 소수를 법적으로 차별해도 전혀 체감할 수 없겠지만 사람이란 계속해서 대다수에 속하는 상황에만 있는 건 아니다.

결국 소수의 권리를 옹호하는 것은 자신을 위한 일이기도 하다는 뜻이다. 동조압력에 속한 다수의 사람들은 남에게 친절을 베풀면 복이 되어 돌아올 거라는 말을 모르는 것 같다.

세계 제일 민주국가 독일에서 나치가 탄생했다

독재자 히틀러가 이끈 나치정권이 태동한 때는 세계에서 가장 민주적이라 불리던 바이마르 헌법Weimarer Verfassung이 지배하던 시기였다. 세계적으로 유래가 없는 3대 세습으로 유명한 북한 정권도 정식 명칭은 '조선민주주의인민공화국'이다.

중국의 최고 의사 결정기관인 전국인민대표회의는 대개 만장일치로 의제가 결정된다. 겉으로는 민주주의 원칙에 의거해서 다수결로 결정된다지만 속내를 보면 정치적 압박이 항시 숨어있다. 예전의 공산주의 국가들은 윗선에서 정한 정책에 반대하면 자칫하다가는 죽임을 당할 위험도 있었기에 아무도 앞에 나서서 반대할 수 없었다.

그래서 헌법이 중요한 것이다. 헌법이란 권력자가 제 마음대로 국가를 경영하여 나라가 독재 체제에 빠지지 않도록 하기 위해 존재하는 것이다. 다시 말해 헌법이란 국민이 아니라 권력자를 묶어버리기 위해 존재하는 것이 상식인데, 의외로 이를 모르는 사람들이 많다.

특히 최근 들어 아베 총리가 이끄는 일본의 자민당 소속 정치인들은 이 원칙을 모르는 듯하다. 아니, 알아도 모르는 척하고 있는 것인지도 모르겠다.

헌법이 자주 바뀌면 나라의 토대가 엉망진창이 되기 때문에 어느 나라든 간단히 헌법 조항을 바꿀 수 없도록 하고 있다. 일본에서는 일부 정치인들이 "미국이나 독일은 몇 번이나 헌법을 바꾸고 있지 않은가?"라고 주장하는데, 이는 정말 무식한 발언이 아닐 수 없다.

미국은 헌법에 수정조항을 추가한 것일 뿐 원래의 조항은 모두 존속시키고 있다. 미합중국이 영국으로부터 독립했을 때부터 지금까지 국가의 근본이념이 흔들릴 만한 변경은 한 차례도 없었다.

독일의 경우는 58회에 걸쳐 헌법을 바꿨다. 이는 바이마르 헌법하에서 나치정권이 탄생한 경험과 그에 따른 반성 때문으로 민주주의를 파괴할 만한 조항의 변경이 절대 불가능하게 만들어놓기 위해서였다. 참고로, 독일은 엄밀하게 말해서 헌법이 없고 '독일 기본법'이라는 것을 헌법 대신 쓰고 있다.

일본의 헌법 9조, 무엇이 문제인가

2014년 7월 현 정권은 '집단적 자위권集團的自衛權'이라는 국회의 결의안을 통해, 일본에 대한 무력 공격뿐만 아니라 일본과 긴밀한 관계를 유지하고 있는 국가에 심각한 수준의 공격이 발생한 경우에는 자위대를 파병할 수 있다는 내용을 채택했다.

이는 제2차 세계대전 이후에 '다시는 전쟁을 일으키지 않고 무력을 포기한다'고 선언한 평화헌법 9조의 변경을 염원하는 아베 총리의 의지를 담은 것이었다.

일본의 경우, 국회의원 3분의 2가 찬성을 해도 그 뒤에 행해지는 국민투표에서 과반수 찬성을 받지 않으면 헌법을 변경할 수 없다. 이토록 높은 현실의 벽을 넘기 위해 집권당은 꼼수를 썼다. 바로 '해석 개헌解釋改憲'이라는 탈법 행위가 그것인데, 헌법의 문장을 바꿀 수 없다면 해석의 방식을 바꿈으로써 헌법 9조 내용의 골자를 바꾸려 했던 것이다.

개정 절차가 일반 법률보다 어렵게 되어 있는 헌법을 '경성헌법硬性憲法'이라고 부른다. 이는 민주주의의 방어 장치인 헌법이 너무 자주 바뀌어서는 안 된다는 정치적 자세가 반영된 것으로, 대부분의 민주국가에서는 경성헌법을 채택하고 있다. 당연히 일본도 경성헌법을 채택하고 있는데, 아베 총리는 해석 개헌을 통해 여기에 정면으로 도전한 것이다.

일본은 제2차 세계대전 이후 70년 넘게 한 차례도 헌법을 변경하지 않고도 평화롭게 국가를 운영해왔다. 그 사이 국민 누구 하나 타국과의 전쟁으로 죽지도 않았다.

그럼에도 개헌을 하자고 주장하는 사람들은 '헌법 9조를 바꾸지 않음으로써 일본이 지난 70년 동안 입었던 불이익'에 대해 말하고 싶어 한다. 군사력을 갖고 있지 않은 국가의 취약성을 운운하며 말이다.

그러나 그들의 주장은 말도 안 되는 거짓말에 지나지 않는다. 60년대부터 70년대까지 일본은 세계에서 드물게 눈부신 경제발전을 이룰 수 있었는데, 이는 막대한 예산이 들어가는 군사비를 미국에게 맡김으로써 그만큼의 국력을 경제발전에 주력할 수 있었기 때문이다. 헌법 9조가 군사예산의 팽창을 막았던 것이다.

1950년 한국전쟁이 발발했을 때, 미군이 군사물자를 조달하려고 일본에 대량으로 달러를 투하함으로써 '한국 특수'를 누릴 수 있었는데, 만약 헌법 9조가 없었다면 일본은 필경 미군과 한국군에 합류하여 북한군과 싸워야 했을 것이다.

"9조 개헌이 일본 국민에게 어떠한 이득도 되지 않는다"고 말하면, 다른 나라가 공격해오면 어떻게 하느냐고 얼굴이 빨개질 정도로 화를 내는 사람들도 있다.

이는 정말 우스운 얘기다. 다른 나라에 군대를 보내 전쟁을 하는 게 문제지, 일본이 다른 나라의 공격을 받으면 의당 모든 국민이 팔을 걷어붙이고 싸울 수밖에 없기 때문에 굳이 헌법을 변경할 필요가 없다. 그렇기에 일본이 막강한 군사력을 가져야 한다고 주장하는 사람들의 비논리적이고 어리석은 생각이 걱정스럽다는 것이다.

맹목적인 애국심이 확대되는 현상을 우려한다

인간에게는 자신이 속한 집단을 응원하고 싶어 하는 속성이 있다. 평소엔 축구에 전혀 흥미가 없는데도 국가대표 팀이 월드컵에 출전하면 새벽녘에라도 벌떡 일어나 응원한다.

전국 고교야구대회 예선이 시작되면 자신의 출신교 성적이 어떤지 궁금해서 인터넷을 검색해본다. 삐딱한 성격인 나조차도 라이벌 대학과 야구 시합을 하면 모교인 와세다대학을 응원한다. 이렇게 누구나 자신이 속한 집단을 응원하고 싶어지는 게 인지상정이다.

'자신이 속한 집단'에는 자신이 아는 지역이나 학교, 회사나 모임 등 여러 가지가 있다. 범위를 조금 더 넓혀 생각하면 국가도 내가 속한 집단이라고 할 수 있다.

내셔널리즘Nationalism, 국가주의의 뿌리를 찾아 올라가면 일종의 애향심과 연결되는데, 문제는 내가 속한 집단을 응원하는 것만으로 끝나지 않고 다른 집단이나 타국에 대해 이상하리만큼 공격적인 태도를 갖게 된다는 것이다.

2014년, 헌법 9조의 해석 변경으로 집단적 자위권이 인정된 일본은 이제 전쟁을 할 수 있는 나라가 되었다. 지금까지 자위대의 활동은 지진이나 태풍 피해 구조 같은 게 주요 임무였기에 대원들 대부분이 '설마 내가 전쟁에 나가서 죽는 일은 없겠지'라고 생각하며 입대했을 것이다.

하지만 이제는 다르다. 아베 총리는 이라크 전쟁 같은 상황에 일본이 참전하는 일은 없을 것이라고 공언하지만, 이라크나 아프카니스탄에서는 직접적인 전투보다 전투가 끝난 후의 치안 유지 활동에서 더 많은 희생자가 나온다.

자위대가 미군과 행동을 같이 하게 되면 전장에서 치안 유지 활동에 투입될 텐데, 그러다 보면 테러나 소규모 도발행위로 사망하는 대원들이 반드시 나오게 될 것이다.

실제로 그 같은 사태를 낳게 된다면 전쟁 참여를 밀어붙인 권력자들은 틀림없이 매스컴을 총동원해서 애국심을 부추기고 적을 물리치자는 분위기를 만들어갈 것이다. 이런 일이야말로 현 정권이 잘 쓰는 수법이다.

제1차 세계대전의 발단은 사라예보에서 일어난 오스트리아 황태자 부부 암살 사건이었다. 그 부부의 죽음을 계기로 최종적으로는 전 세계에서 수백만 명이 희생되고 말았다.

8여 년에 걸친 중일전쟁이 발발하게 된 계기는 1937년에 일어난 '루거우차오蘆溝橋' 사건이었다. 야간 훈련 중이던 일본군 중대에서 몇 발의 실탄 사격 소리가 들린 후 일본군 병사 한 명이 행방불명 되는 일이 발생했다. 실종되었던 병사는 곧 돌아왔지만, 이는 중일전쟁의 발단이 되었다.

이 군사 충돌로 중국군 20명 정도와 수십 명에 이르는 일본군이 사망했고, 그 뒤 벌어진 중일전쟁의 결과 수백만 명의 아까운 생명이 희생되었다.

몇십만, 몇백만 명이 죽어나가는 큰 전쟁도 그 시작을 보면 몇 명부터 몇십 명의 사람들이 죽은 사건에 대한 보복 공격이 원인이었다. 눈에는 눈으로 걷잡을 수 없을 정도로 확대되어 간 것이다.

거짓을 말하는 게 아니라 단지 타인과 동조했을 뿐

만약 일본인들 중에 어딘가에서 일어난 전쟁에 휘말

려 희생자가 나왔다고 치자. 새로운 헌법 조항에 따르면 치안유지라는 이름하에 무장한 자위대가 타국을 공격하게 된다. 만약 그로 인해 파병된 일본군 중 일부가 전쟁에 휘말려 희생되었다고 생각해보자.

그 때, "잠깐! 보복은 멈춰야 한다!"고 반대하는 사람들에게 많은 이들이 이렇게 입에 침을 튀기며 공격하게 될 것이다.

"너는 나라를 위해 목숨을 건 젊은 군인들을 귀하게 여기지 않는 거냐. 너희 같은 인간들은 국민도 아니다!"

전쟁을 추진하는 동력은 사실 일부 정치인 같은 특별한 인간들이 아니라 모든 일반인들이다. 70여 년 전에 일본이 벌였던 전쟁 때도 그러했다. 대다수 일본인은 전쟁에 협력해서 전쟁을 반대하는 입장에 서는 사람들을 매국노 취급했다. 정말이지 무시무시한 동조압력이었다.

그러다 그 사람들은 일본이 전쟁에서 패하자 이번에는 "주변이 모두 전쟁에 찬성했기에 나는 어쩔 수 없이 찬성했다", "두 번 다시 전쟁을 일으켜서는 안 된다"며 전쟁 반대 입장으로 돌아섰다.

그들은 거짓말을 하는 게 아니라 단지 타인에게 동조했을 뿐이었다. 전쟁처럼 강한 동조압력이 요구되는 시기에, 개인이 당당하게 반대를 외친다는 것은 대단히 강한 마음의 소유자가 아니고서는 거의 불가능하다.

국민성이란 쉽게 바뀌는 게 아니기에 앞으로 일본이 전쟁에 휘말리게 되면, 예전과 똑같은 상황이 반복될 수 있다. 과거 전쟁에서 비밀경찰들이 눈을 부릅뜬 채 국민을 감시했듯, 미래에 전쟁이 일어나도 분명 전쟁을 반대하는 사람들을 모조리 잡아들이자는 주장이 강력하게 제기될 것이다.

내셔널리즘을 불러일으켜 정의의 싸움을 벌이고 있다는 분위기를 만들면, 동조압력이 폭발적으로 늘어나서 일시적으로 그때의 집권 세력을 중심으로 하는 구심력이 강해지게 된다.

하지만 본격적으로 전쟁이 시작되면 나라는 분명 피폐해져 갈 것이다. 제1차 세계대전 이후의 모든 전쟁은 대부분 총력전으로 전개되어 최종적으로 승패를 결정짓는 것은 국력이었다.

게다가 아무리 전쟁에 이겼다 해도 상대 국가의 영토를 합병하거나 상대 국가의 부를 몰수하는 것은 현재의 국제법 아래에서는 거의 불가능하다. 현대에는, 그 어떤 전쟁이라도 얻을 게 아무것도 없다는 얘기다.

현 정권도 이런 초보적인 지식을 모를 까닭이 없다. 그런데도 왜 그들은 헌법 조항에 대한 해석을 수정하면서까지 기를 쓰고 자위대에게 전쟁에 참여할 수 있는 권한을 주려고 하는 것일까? 이제부터 그 이유를 알아보자.

29

일본은
미국의 속국인가

일본 정부는 앞뒤가 맞지 않는 짓만 반복하고 있다

아베 총리는 정치인이기에 일본 국민에게 이득이 되지 않는 일을 해서는 안 될텐데, 계속해서 앞뒤가 맞지 않는 짓만 반복하고 있다. 자신의 신념을 따른다며 행한 야스쿠니 신사 참배는 결국 한국과 중국의 신경을 건드려 외교 문제로 비화되었고, 미국까지 화나게 하는 결과를 불러일으켰다.

그런데 더욱 큰 문제는 따로 있다. 대다수 국민은 현

정권이 헌법 9조의 해석을 변경해서 집단적 자위권을 인정하고 자위대가 타국의 전쟁에 참가할 수 있게 하는 일이 무엇을 위해서 하는 것인지, 일본에는 어떤 이익이 있는지 도대체 알지 못한다는 것이다.

게다가 2014년 10월에 제정된 '특정비밀보호법'도 현재 집권 세력의 망상의 산물로밖에 보이지 않는다. 이 법은 일본의 국가안보와 관련된 정보 중에서 특별히 비밀유지가 필요한 문제들을 보호하기 위한 규정으로, 집권 세력의 극히 일부만이 정보의 핵심에 접근할 수 있다는 내용을 골자로 한다.

아베 총리가 이끄는 자민당 정권은 자기들이 영원히 정권을 잡을 거라고 착각하고 이 따위 말도 안 되는 법을 만들었지만, 그런 보장은 어디에도 없다.

만약 다른 정당이 집권하게 되는 날이 오면 그들이 만든 특정비밀보호법에 의해 자민당 스스로가 국가의 중요한 정보에 접근할 수 없게 된다. 일본에는 자민당만이 유일한 정당이라고 헌법에 못 박으면 모르겠지만, 이는 민주주의를 내걸고 있는 국가라면 당연히 불가능하다.

1974년 당시 집권자였던 다나카 가쿠에이田中角榮 총리가 실각했다. 당시 미국의 국무장관이었던 헨리 키신저와 상의도 없이 중국과 국교를 정상화했기 때문이었다.

다나카 총리가 실각한 직접적인 사건은 '록히드 사건'이었지만, 그 배후에는 자신의 의견을 따르지 않은 것에 불만을 품은 미국의 의사가 강력하게 내포되어 있었다. 록히드 사건은 미국의 군수업체 록히드마틴사Lockheed Martin Corporation가 여러 나라의 주요 인사들에게 뇌물을 뿌린 사건으로 일본에서는 여러 저명인사와 함께 다나카 총리가 포함되어 큰 충격을 주었다.

일본 헌정 사상 최초로 총리를 지낸 인물이 구속을 당하여 모든 국민들이 의아해했지만, 그 사건은 결국 미국이 일본 정부를 자기들 입맛대로 길들이기 위한 속셈에 지나지 않았다.

현 정권은 집단적 자위권을 만들어 전 세계 곳곳에서 전쟁을 벌이고 있는 미국에게 군사적으로 도움을 주려는 것 같다. 한 마디로 미국의 환심을 사려는 아첨이다.

하지만 그런 아베 총리조차도 미국의 생각을 무시하

고 독자적으로 판단해서 외교 정책을 세우거나 제멋대로 개헌을 한다면 다나카 전 총리가 당했듯이 미국의 농간에 따라 실각을 당할지도 모른다. 미국은 충분히 그럴 수 있는 나라다.

　일본은 어찌 되었든 미국의 눈치를 살피면서 그들에게 동조할 수밖에 없는 입장인데 이것이 현 정권에 들어서는 더욱 극심해졌다.
　그런데 거기에 더해서 중국이나 한국, 그리고 동남아시아 국가 등 가까운 나라들에 오만하고 고압적인 태도를 계속 취하고 있으면, 이번에는 수출의 길도 막혀버릴 것이다.

　자원이 부족한 일본은 수입과 수출을 하지 않으면 안 되는 나라이기 때문에 어떻게든 일본 제품을 파는 게 중요하다. 이런 이유 때문이라도 일본은 고객이 되어줄 나라들과 우호적인 관계를 유지할 필요가 있다. 각국의 부자들이 같은 가격의 자동차라면 독일 자동차보다 일본 자동차를 사야겠다고 생각할 수 있도록 대처해야 한다는 말이다.
　제아무리 성능이 좋고 가성비가 탁월한 자동차라도 파는 사람의 행동이 마음에 들지 않아 사지 않겠다고 하면

판매조차 성립되지도 않으니 말이다.

아베 총리는 기껏 생각해서 야스쿠니 신사에 참배를 결행한 것이겠지만, 국익이라는 관점에서 보면 냉정하게 계산한 뒤에 취한 행동이라고는 보이지 않는다. 그 행동은 고작해야 일본 우익들의 지지를 받기 위한 것으로, 그밖에 얻은 것은 하나도 없으니 그런 의미에서 아베 총리는 그다지 현명한 정치가는 아닌 듯하다.

아베 신조 개인으로는 어디를 가든 자유지만, 일본 집권자라는 책임을 짊어진 이상 자기 생각을 우선하는 모양새는 용납할 수 없다. 정 가고 싶으면 총리직을 사임하고 난 다음에 매일같이 참배하면 될 것이다.

아베 총리의 어리석은 선택

영토 문제도 그렇다. 아베 총리가 현명한 지도자라면 상대와 내가 다르다는 판단이 설 때, 사실 규명은 일단 제쳐두더라도 어떻게 타협을 할지, 국민들에게 큰 손해를 주지 않는 길이 무엇일지 생각하고 최적의 상황을 찾아서 교섭해야 한다.

　나는 일본이 영토 문제 따위로 소란을 피우는 행위는 대단히 멍청한 짓이라고 생각한다. 이것은 사실 아베 총리의 책임이라기보다는 이시하라 신타로石原慎太郎 전 도쿄도지사 같은 우익 정치인들의 책임이 크다.

　정치인이 현실에 눈을 돌리지 않은 채 원리적인 것만을 계속 추구하면 어떤 일이 일어나는지를 일본 국민들은 과거 역사를 통해 분명히 배웠다.

　전쟁이 터지면 결국 국민들은 막대한 희생과 손실을 입게 된다. 그렇기에 정치인에게는 온갖 지혜를 총동원한 끈질긴 협상 능력이 요구되는 것이다. 하지만 일본의 정치인들 중에서는 그러한 능력을 가진 사람이 적은데, 그 대표적인 인사가 바로 이시하라 신타로다.

　일본이 제2차 세계대전 이후 줄곧 지켜온 헌법 9조에 대해 개헌론자들은 "미국의 강요에 의한 헌법 조항을 계속 고수하고 있는 건 자존심 상하는 일이니 이제 우리들만의 자주적인 헌법을 제정해야 한다"고 떠들어댄다.

　그러나 집단적 자위권이라는 듣도 보도 못한 이야기

가 미국 정부의 강력한 권유 때문이라는 사실을 아는 사람은 다 알고 있었다. 아베 총리가 좀 더 현명한 정치가였다면 아무리 미국의 압력이 강하더라도 일본을 위하고, 더 나아가 일본의 장래를 위해 다음과 같이 말했어야 할 것이다.

"미국에 협력하고 싶은 마음은 크지만, 당신들이 정한 헌법으로 전쟁 행위가 금지되었기에 참전할 수가 없다."

일본이 미국과 대등하다는 착각

집단적 자위권을 둘러싼 뉴스를 보고 내심 신기했던 것은, 어느 누구도 진실을 말하고 있지 않았다는 점이다. 왜 그런 일이 벌어졌을까? 그것은 간단히 말해서 일본이 미국의 속국이기 때문이다.

고베대학 교수이자 사상가인 우치다 타츠루内田樹 박사도 자주 하는 말인데, 집단적 자위권을 둘러싼 현재의 혼란을 '일본이라는 나라는 미국의 속국'이라는 전제를 놓고 생각해 보면 확실하게 상황 정리를 할 수 있다.

일본이 미국의 속국이라는 사실은 두말할 필요가 없을

정도로 확실한 얘기다. 대부분의 국민들은 일본이 완전한 독립국이라고 생각할지 모르지만, 이는 잘못된 판단이다.

예전부터 나는 일본이 미래의 생존을 위해 취할 최적의 전략은 미국의 51번째 주가 되는 것이라고 주장해왔다. 식민지보다 차라리 본국에 속하는 편이 좋을 거라는 뜻에서다.

사람들은 중국의 위협이 날로 강해지는 현상을 걱정하고 있지만, 일본이 미합중국의 일원이 되면 중국이 공격해올 가능성은 제로가 되고 집단적 자위권도 쓸모가 없어진다.

세계 최강인 미군이 일본의 군대가 되고, 동시에 핵무기도 보유하게 되니 안전보장을 생각한다면 이보다 더 안전한 선택지가 없다. 일본에 대한 공격은 곧 미국에 대한 공격이 되기 때문에 정면으로 자살행위를 할 나라는 지구상 어디에도 존재하지 않을 것이다.

일부 우익세력은 일본이 미국과 대등한 나라라고 착각해서 세계에 우뚝 서는 일본이 되고 싶다고 생각하지만, 안타깝게도 그것은 망상에 불과하다.

동아시아의 여러 나라 중에서 미국의 가장 중요한 경제 파트너는 일본이 아니라 중국이다. 오늘날 세계에서 미국의 국채를 가장 많이 사들이고 있는 나라는 중국이다. 1979년에는 25억 달러에 지나지 않았던 대미 무역총액도 지금은 1조 달러를 상회하고 있다. 중국은 미국에게 최대 수입국이고, 달리 말해서 최고의 고객이라는 것이다.

일본의 지위는 형편없이 추락하고 있다

미국에게는 일본보다 중국이 훨씬 더 중요한 파트너이기 때문에, 겉으로는 사사건건 으르렁거리는 것 같아도 만일 중국과 일본의 전쟁이 시작되면 미국은 좀 더 두고 보는 편이 좋겠다면서 상황이 최악으로 치닫기 전까지는 그냥 미적거릴 가능성이 크다.

그러니 일본과 중국이 전쟁을 벌이게 되면 미국이 구해주겠거니 하는 것은 어리석은 생각이다.

집단적 자위권은 미국이 일으키는 전쟁에 일본이 부하가 되어 함께 한다는 것인데, 대다수 국민들이 왜 이를 찬성을 하는지 나는 도저히 이해할 수가 없다.

우선 전쟁은 중동에서 일어날 확률이 크다. 그럼 출병을 한 자위대는 이슬람의 원한을 살 수도 있고, 도쿄는 테러의 표적이 될 수도 있다. 실제로 이라크 전쟁에 파병했던 영국에서는 지하철 연쇄 테러가 일어났고, 스페인에서는 열차 테러가 일어나서 200명 이상이 죽었다.

일본의 원자력 발전소을 노려서 자폭 테러의 표적이 된다면 엄청난 비극이 일어날 것이다. 목숨을 아까워하지 않는 사람들을 적으로 삼아서는 안 된다는 것은 만고불변의 진리가 아닌가.

전쟁에 찬성하는 단 10퍼센트 사람들

전쟁에서 피해를 보는 쪽은 항상 일반 국민들이다. 나는 그렇게 멀지 않은 장래에 죽겠지만, 이제부터 몇십 년이나 더 살아갈 날이 남아 있는 젊은이들이 전쟁에 나갔다가 죽는다고 생각하면 얼마나 안타까운 일인가.

제2차 세계대전 말기에 가미카제神風 특공대가 비행기에 올라타 적진에 온몸을 던졌다. 하지만 그들의 행위는 전쟁에 일말의 영향도 줄 수 없었다. 목숨을 건 그들의 공격에 꽤 많은 수의 미군 함선이 침몰되었다고 말하는 사람도 있지만, 이는 순전히 거짓으로 대다수가 목표 지점과 훨씬 먼 곳에 떨어지는 바람에 2,500명이나 되는 젊은이들의 목숨이 헛되이 태평양에 뿌려지며 끝났다.

그들 대부분은 사실 그렇게 비참하게 죽고 싶지 않다고 생각했을 것이다. 당시 가미카제 특공대는 지원제였는데, 애초에 '나는 죽고 싶지 않으니 특공대에 지원하지 않겠다'고 완강하게 버티면 되는 일이었다.

상관에게 비겁하다고 두드려 맞으면서도 끝내 가고 싶지 않다고 버티는 사람을 조종석에 앉혀서 억지로 비행기를 띄울 수는 없으니 말이다.

특공대로 죽은 젊은이들에게는 박정하게 들릴지 모르지만, 최종적으로 자신이 결정해서 날아오른 것이었다. 그것은 특공대에 지원하는 게 좋겠다는 동조압력에 졌기 때문이고, 사실은 본인의 의지가 강하지 못했던 것이다.

전쟁에 패배한 뒤에 대다수 일본인들은 "우리가 속았다. 나쁜 것은 국민을 속인 정부다!"라고 말했지만, 이 또한 사실이 아니다. 대다수의 국민이 전쟁을 싫어한 것은 맞지만, 그럼에도 스스로의 의지로 정부의 명령을 따르기로 선택했으니 말이다.

전쟁 따위는 하지 않는 편이 당연히 좋다. 국민의 90퍼센트는 언제나 반대편에 서있다. 그런데도 왜 반복되는 것일까? 그것은 전쟁에 찬성하는 단 10퍼센트의 사람들이 "우리를 위해 죽어간 젊은이들의 목숨을 욕보일 수는 없다"면서 전쟁에 반대하는 사람들을 거세게 몰아붙였기 때문이다.

그들은 항상 정의를 앞세웠는데, 특공대 지원이 바로 전형적인 사례다. 섣불리 반대했다가는 이기적인 사람으로 매도되어 좀처럼 반론을 펴기가 어렵다. 그래서 전쟁 자체에는 소극적이지만 어쩔 수 없다면서 서서히 끌려들어가는 사람들이 나타났던 것이다.

그런 사람들은 억지로 입장을 바꾼 것이기에 자기 신조에 따라 전향하지 않은 사람들을 증오하게 된다. 그래서 "나도 이전에는 전쟁을 증오했지만 어쩔 수 없이 찬성으로 돌아선 것이다. 너도 현실을 직시해!" 같은 말을 하면서 전쟁 반대파들을 비난한다.

　그러다 보면 어느 순간 90퍼센트였던 전쟁 반대파들은 눈 녹듯이 붕괴되어 찬성파로 바뀌는 것이다. 이것이 바로 거대한 동조압력의 파도에 의해 순식간에 대다수 국민들이 전쟁을 찬성하는 집단으로 바뀌는 프로세스다.

　이는 전쟁뿐만 아니라 사회 곳곳의 여러 상황에서도 엿볼 수 있다. 반대하는 사람을 이기적이라고 공격하면 비슷한 프로세스를 따라서 어느새 찬성하는 편에 서 있게 된다.

　그래서 이기적이라고 공격을 받아도 아무렇지 않은 사람이야말로 사실은 의지가 강한 것이다. 그들은 동조압력에 굴복하지 않는 것이니 말이다.

30

핵무기와 원자력 발전,
무엇이 더 안전할까

원자력 발전은 시한폭탄과 같다

핵무기를 갖는 것과 원자력 발전소를 가동시키는 것 중에서 어느 쪽이 더 위험할까? 답은 원자력 발전소를 가동시키는 것이다. 특히 일본같이 지진이 잦은 나라에서는 원자력 발전 자체가 대단히 위험하다. 이는 동일본 대지진으로 확실히 증명된 사실이다.

반대로 물어볼 수도 있다. 가상의 적국이 핵무기와 원자력 발전소를 갖고 있다면, 어느 쪽이 더 위험할까? 답은 핵무기다. 당연한 말이지만, 핵무기를 소유한 나라보다 소유하고 있지 않은 나라가 더 위험하다. 핵무기로 공격을 당하면 큰일이지만, 이쪽도 핵무기를 갖고 있으면 공격당할 위험이 적기 때문이다.

그러나 적국이 핵무기를 가지고 있지 않아도, 만약 원자력 발전소가 공격을 당해 방사능이 확산되면 이는 핵무기로 공격당한 것과 마찬가지다. 그렇게 생각하면 일본은 핵무기를 소유하고 원자력 발전소는 폐기하는 편이 군사적인 관점에서 안전하다고 말할 수 있다.

한 마디로 말해서, 원자력 발전소는 시한폭탄과 같은 것이다. 언젠가 반드시 일어날 지진으로 인해 파멸에 가까운 사고가 일어날 가능성이 있고, 다른 나라에서 테러를 일으킬 우려도 있다.

그런데 오히려 원자력 발전소를 가동시키는 것은 금방이라도 핵무기를 생산할 수 있음을 뜻하고, 그것은 잠재적으로 전쟁을 억제시킬 힘이 된다고 주장하는 사람도 있다.

실제로 원자력 발전으로 생겨나는 플루토늄을 사용하면, 비교적 간단히 핵무기를 만들 수 있다. 하지만 그를 위해 원자력 발전소를 가동하는 것이라면 처음부터 핵무기를 만드는 편이 손쉬운 방법일 것이다.

'핵확산금지조약NPT, Nuclear nonproliferation treaty'이라는 게 있다. 이 조약의 주축은 미국, 러시아, 프랑스, 영국, 중국으로 이들 나라 외에는 핵무기를 갖지 못하도록 강제하고 있다.

핵무기를 실제로 보유하고 있는 나라들이 다른 나라들에게는 갖지 말라고 하는, 말도 안 되는 불평등 조약임에 도임에도 불구하고 일본은 이 조약에 동참하고 있다.

하지만 인도와 파키스탄은 이미 핵무기를 보유하고 있고, 가맹국은 아니지만 이스라엘과 북한이 핵무기를 보유하고 있다는 사실은 공공연한 비밀이다.

그런데 일본에서는 조약에서 탈퇴하고 핵무기를 가져야 한다고 주장하는 사람은 별로 없는 듯하다. 사실상 일본이 미국의 핵우산 아래 있으니 독자적으로 핵무기를 보유할 필요가 없다고 판단하는 사람들이 많은 것이다.

플루토늄 재사용은 망상이다

일본은 다른 나라로부터 자원을 사들여, 이를 가공해서 수출하는 '가공무역'으로 돈을 버는 나라다. 일본은 이렇게 벌어들인 돈으로 석유나 천연가스를 사서 국내의 에너지 수요를 꾸리고 있다.

2차 세계대전 이전처럼 목탄을 에너지원으로 해서 소규모의 경제로 살 수 있는 길도 없는 것은 아니지만, 그럴 경우 지금처럼 전기를 대량으로 사용하면서 여름에 에어컨으로 쾌적하게 보내는 삶은 포기해야 한다.

현재처럼 에너지를 사용하는 삶을 유지하기 위해서는 외국에서 석유나 천연가스를 사오지 않으면 안 된다. 이런 관점에서 외국산 석유가 필요하지 않은 에너지를 구하기 위해 각지에 건설된 것이 원자력 발전소다.

현재 지구상에서 발견된 우라늄의 굴삭 가능한 기간은 100년도 채 남지 않았다. 현재처럼 원자로의 주력인 경수로를 계속 사용한다면, 80년이나 90년 정도가 지난 후에는 우라늄을 더 이상 사용할 수 없게 된다.

따라서 많은 이들이 원자력 발전에서 나오는 우라늄을 태우는 가스인 플루토늄을 사용해 에너지를 만들어낼 수 있는 '고속증식로'라는 기술에 기대감을 품고 있었다.

1983년에 후쿠이현福井県에서 착공되어 1995년부터 운전을 시작한 고속증식로의 원형로인 '몬주もんじゅ'는 당시에 꿈의 기술이라고 홍보되었다. 고속증식로의 원자력 발전이 성공하면 지금의 경수로들을 모두 그 방식으로 바꿔, 우라늄의 '가채년수'를 이론상 2500년으로 늘릴 수 있다고 한다. 가채년수란 현재와 같은 규모로 석탄과 같은 에너지원을 생산할 경우 앞으로 몇 년이나 더 쓸 수 있을까를 예측하는 지수를 말한다.

그렇게 크게 주목받으며 출발한 몬주는 뜻밖에도 연이어 터진 사고로 가동 초창기부터 정지 상태다. 사실 세계 어느 나라를 보더라도 고속증식로가 문제없이 돌아간 나라는 없었다. 그래서 미국, 영국, 독일, 이탈리아 등은 건설을 아예 포기했다.

현재는 일본, 프랑스, 러시아, 인도, 중국만이 개발을 계속하고 있는데 러시아를 제외하고는 실용화할 계획조차 세우지 못하고 있다.

일본은 현재까지 몬주에 3조 엔이라는 엄청난 자금을 쏟아 부었다. 그래서 1995년 운전 개시 이후 몬주가 원형로의 기능을 전혀 내지 못하고 있음에도 폐로를 쉽게 결정하지 못하고 있다.* 몬주의 하루 유지비에만 5,500만 엔, 즉 1년에 200억 엔이라는 비용이 든다. 가능하면 빨리 폐로를 진행하는 편이 좋지만 거기에 다시 막대한 자금과 시간이 들어가니 또 문제다.

대체 에너지를 생산할 수 없는 폐기된 원자력 발전을 유지 관리하는데도 막대한 비용이 든다. 방사성 폐기물 속의 방사성 핵종들만을 견고한 유리 물질에 영구적으로 가두어서 50년간 냉각하고 오랫동안 지층 속에 보관해야 하는데, 이것은 매우 위험한 물체로 현재 보관할 장소를 정하지도 못하고 있다.

결론은, 원자력 발전은 미래를 전혀 고려하지 않고 만든 것이라는 얘기다. 과학자들은 원자력 발전이 지속 가능한 기술이 아니라는 사실을 이미 알고 있었다. 모두가 꿈

---

* 현재 일본 원자력규제위원회는 2018년 3월 고속증식로 몬주의 폐로 계획을 정식으로 인가했다. 폐로 작업은 향후 30년 4단계에 걸쳐 진행되며 2022년 말까지 끝낸다는 계획이다.

의 기술이라고 말하던 몬주를 가동한 지 벌써 20년이 지났음에도 여전히 사용되지 않는 것은 앞으로도 고속증식로가 실용화될 수 있는 가능성이 매우 낮다는 방증이다. 그럼에도 계속해서 원자력 발전을 추진하려는 사람의 속셈을 나로서는 도무지 이해할 수가 없다.

에너지 자급률 4퍼센트,
식료품 자급률 39퍼센트라는 현실

유일한 원폭 피해국으로 핵무기에 대해 강한 거부반응이 있는 일본인들에게 원자력 발전보다 핵무기 쪽이 안전하다고 주장해도 감정적인 반발만 일으킬 뿐이기에, 대다수 정치인들은 마음속으로는 핵무기를 찬성해도 선거에 떨어질 수 있기 때문에 공약 자체를 피하고 있다.

글을 쓰는 나도 현 시점에서 일본이 핵무기를 갖는 것은 단점이 너무 많다고 생각한다. 그것은 단지 세계 평화를 위해 핵무기를 없애야 한다는 정서적인 이유 때문만은 아니다.

일본이 핵무기를 갖는 것은 제2차 세계대전의 승전국을 축으로 하는 현재의 세계질서에 반한 도전을 의미하기 때문이다. 에너지 자급률이 4퍼센트, 식료품 자급률이 39퍼센트인 현재의 일본이 세계를 적으로 돌려서 번영하기는 불가능하다.

제2차 세계대전으로부터 70년이 지난 오늘날에도 세계의 상황은 얄타회담 체제 그대로다. 구체적으로 말하자면 UN 상임이사국이자 핵확산금지조약 아래에서 합법적으로 핵무장을 하고 있는 나라들인 미국, 영국, 러시아, 프랑스, 중국이 담합해서 세계의 질서를 형성하고 있다.

일본이 핵무장을 하면 이들에 대한 도전으로 여겨져, 단지 핵확산금지조약을 탈퇴하게 될 뿐만 아니라 강대국들의 경제적인 제제를 받을 것이다.

따라서 국가 경제와 안보라는 관점에서 봤을 때, 현 시점에서 핵무기를 보유하지 않는 편이 안전하다. 재미없는 결론이지만, 어쩔 수 없다.

31

미국이 강한
진짜 이유

전쟁의 승패는 에너지 자급률에 달렸다

전쟁의 승패는 그 나라의 국력으로 결정된다. 가끔 국
력이 한참 뒤떨어진 나라가 강대국의 발목을 물고 늘어지
는 경우가 있지만, 결국에는 상대가 되지 못하고 나가떨어
진다.

국력에는 과학 기술력이나 국민의 수준 등이 포함되
는데, 특히 에너지원 확보가 제일 중요하다. 전쟁을 지속하
기 위해서는 각종 전쟁 무기를 움직이거나 병사를 수송하

기 위한 연료가 필요하다. 여기다 무기와 식량, 병영관리까지 이것저것 전쟁 인프라를 생산하기 위해 막대한 자본과 에너지가 들어간다.

얼마 전 TV에서 '일본과 중국 사이에 전쟁이 일어나면 누가 이길까?'라는 주제로 토론을 벌이는 프로그램이 있었는데, 양쪽의 공군 병력과 선박을 비교하는 장면에서 나는 웃음을 터뜨리고 말았다.

국지전에서는 그 같은 비교가 의미 있을지 모르지만, 승패는 총력전에서의 공급 가능한 에너지 총량으로 결정된다. 생각이 여기에 미치면 중국과 전쟁이 벌어졌을 때 누가 이길까를 생각하는 것이 얼마나 멍청한 짓인지 알 수 있다.

일본은 현재 에너지 자급률이 4퍼센트밖에 안 된다. 과거에 일본이 전쟁을 일으켰을 때, 당시 군부는 장기전이 되면 절대 이기지 못할 것을 알고 있었다. 그래서 단기전으로 승부를 보기 위해 안간힘을 썼다.

하지만 일본이 단기전을 희망해도 상대가 응하지 않으면 전쟁은 지속될 수밖에 없다. 결국 원자폭탄 2발이 투하되었고 도쿄, 오사카, 나고야 같은 일본 최고 도시들이 강력한 공습으로 인해 철저하게 파괴되고 말았다.

전쟁 패배의 최대 원인을 살펴보면, 두말할 것도 없이 일본 내에 자원과 에너지원이 턱없이 부족했기 때문이다. 이런 현실은 지금도 마찬가지여서 만약 중국과 전쟁에 휩쓸리게 되면 일본은 여지없이 패하고 말 것이다. 그렇게 되면 예전처럼 무릎을 꿇고 참회한다며 싹싹 빌어도 소용없는 일이다.

일본이 전쟁 이후 지금까지도 계속 미국의 눈치를 봐온 이유도 에너지 때문이다. 조금 낫다고 말하는 식품자급률은 39퍼센트, 쌀 자급률은 100퍼센트에 달하지만 에너지 자급률은 여전히 비루할 정도다.

미국이 국제적으로 큰 목소리를 내며 강자 행세를 할 수 있는 이유는 자국에서 에너지를 확실히 조달할 수 있기 때문이다.

원자력 선진국인 미국은 이미 새로운 원자력 발전소를 건설하는 계획을 그만두었는데, 이유는 국내의 에너지 수요를 100년치 이상 충족시킬 수 있는 셰일가스Shale gas 생산이 가능하게 되었기 때문이다.

셰일가스는 지하 2,000미터 정도에 위치한 혈암층에 있는 천연가스로, 이전에는 기술력 부족으로 채굴이 어려웠지만 현재는 혁신적인 기술 개발에 힘입어 생산량이 급증했고 나아가 상용화에 성공했다. 미국은 이제 에너지 수입국에서 벗어나 에너지 자급률 100퍼센트에 이르는, 강력한 에너지 수출국이 된 것이다.

일본이 미국에 굽실거릴 수밖에 없는 이유

미국은 제1차 세계대전이 시작되기 전 자국에서 풍부한 석탄과 석유를 발견하며 이를 채굴하는 데 집중하기 위해 타국의 전쟁에 적극적으로 개입하지 않았다.

그러나 제2차 세계대전 후에는 세계의 경찰관을 자칭하며 타국에 군사를 개입하는 등 적극적인 행동을 보였는데, 이는 자국에서 생산한 에너지로는 더 이상 자급할 수 없게 되었기 때문이다.

이라크 전쟁, 아프가니스탄 전쟁, 이스라엘 문제까지, 이 모든 전쟁은 미국이 석유를 확보하기 위해 중동에 개입한 것이었다. 석유가 없어지면 미국의 산업은 끝장이 나기 때문이다.

하지만 셰일가스·오일 생산량의 엄청난 증가와 함께 미국은 중동에 개입할 필요성이 없어졌다. 특별한 이유가 아니고서는 배부르고 등 따뜻한데 미국의 젊은이들을 전쟁터에 내보낼 이유가 사라진 것이다. 그렇기에 설령 타국의 국지전에 참여하더라도 치고 빠지는 전략으로 일관하며 전쟁이 확대되는 걸 회피해왔던 것이다.

덧붙여 말하자면, 미국의 식품 자급률은 130퍼센트에 달한다. 그 때문에 미국은 지구상 모든 나라로부터 국교가 단절되어도 자국 국민들을 충분히 먹여 살릴 수 있다. 지구상에서 나라의 문을 걸어 잠가도 혼자 살아갈 수 있는 유일한 나라인 것이다.

셰일가스는 지구상에 넓게 분포되어 있는데, 중국에는 미국을 능가하는 저장량이 있다. 그러나 매장되어 있는 지질의 복잡함 등 극복해야 할 문제가 많아서 개발까지는 긴 시간이 필요하다고 한다.

안타깝게도 일본은 지질의 연대가 그리 오래되지 않기 때문에 셰일가스의 매장량이 적다. 일본에서는 셰일가스를 대신할 수 있는 '메탄 하이드레이트Methane hydrate'가 있는데, 이것은 깊은 바다 속의 저온과 고압 상태에서 천연가스가 물과 결합해서 생기는 고체 에너지원을 말한다. 일본의 매장량은 현재 국내에서 소비되고 있는 천연가스의 100년치 정도지만 아직은 기술적으로 산업화하기는 어렵다고 보고 있다.

언제가 되었든 일본은 앞으로 새로운 에너지의 생산 방법을 찾지 못하는 한 계속 수입에 의존할 수밖에 없고, 이것은 미국에 굽실거릴 수밖에 없는 중요한 이유가 될 것이다.

32

일본이 영토 분쟁을
일삼는 진짜 이유

이겨도 져도 이득이 될 일은 없다

센카쿠 열도尖閣列島는 동중국해 남서부에 위치한 5개의 무인도와 3개의 암초로 구성된 군도로, 중국은 여기를 '댜오위다오'라 부른다. 현재 일본이 실효 지배하고 있다.

이곳엔 '꼬마긴다리범하늘소Rhaphuma diminuta'라는 고유종의 하늘소가 살고 있다. 한 사람의 생물학자로서, 기회만 되면 그 곤충을 보러 꼭 가고 싶지만 현재로서는 어려운 일이다. 중국과 대만, 그리고 일본이 이 작은 섬들의 영유권을 놓고 첨예하게 분쟁 중이기 때문이다.

일본 정부는 센카쿠 열도가 일본의 영토이기 때문에 이곳을 둘러싼 영유권 분쟁은 있을 수 없다고 생각하지만, 중국은 센카쿠 열도 주변의 일본 영해 내에 순시선을 빈번하게 침입시켜 도발하고 있다.

60년대 말까지는 중국이나 대만이 센카쿠 열도에 대해 언급하는 일이 별로 없었다. 그러다 1969년부터 시작된 지질 조사 결과 1,095억 배럴의 석유가 매장되었다고 알려지면서 중국과 대만 또한 영유권을 주장하기 시작한 것이다.

그러나 그 후 조사에 따르면 석유 매장량은 최대 32억 배럴 정도로 추측되었고, 최근 조사로는 더욱 적을 것이라고 추정하고 있다. 이로써 센카쿠 열도의 가치는 예상했던 것보다 크지 않다고 볼 수 있다.

일본은 하루에 400만 배럴의 석유를 소비하고 있어 설령 32억 배럴의 석유가 센카쿠 열도 주변에 있다 하더라도 기껏해야 2년치 정도에 지나지 않는다. 그렇기에 일본은 센카쿠 열도를 둘러싼 문제에 대해서는 서랍 속에 넣어두고 보류해두는 게 가장 좋았다.

그런데 그렇게 가만히 내버려두면 좋았던 것을 이시하라 신타로石原慎太郎 전 도쿄도 지사가 센카쿠 열도를 사들이겠다고 공언하는 바람에 본격적으로 갈등이 일어났고, 결국 노다 요시히코野田佳彦 전 총리 때인 2012년 9월에 개인 소유지였던 센카쿠 섬들을 정부가 사들이며 국유지로 선언되었다.

그 당시 중국 정부는 표면적으로는 어쨌든 일본이 센카쿠 열도를 실효 지배하고 있다는 걸 인정하고 있었기 때문에 굳이 그런 조치를 취할 필요가 없었지만, 정치인들은 무언가 대단한 일을 벌리고 있다는 걸 보여주기라도 하듯 행동했다.

하지만 일본의 섣부른 국유화 조치로 인해 중국 내에서 반발의 목소리가 높아졌고, 이 일로 2, 3년 동안 중국과 일본의 외교 관계가 단절될 정도로 악화되고 말았다.

이로써 센카쿠 열도를 둘러싼 중국과의 군사충돌 가능성이 항시적으로 존재할 만큼 갈등은 최고조로 치닫게 되었다. 불과 몇 년 전에는 상상할 수도 없던 상황이 일부 정치인들의 무모한 선택에 의해 벌어지고 있는 것이다.

센카쿠 열도와 마찬가지로 독도도 한국과의 갈등이 일어나고 있는 곳이다. 내가 보기에는 현재 한국이 실효 지배를 하는 이상 일본 정부의 주장은 소득이 전혀 없는 메아리와 비슷하다.

특히 한국은 독도에 초소까지 건설해 매년 막대한 비용을 쏟고 있는데, 독도를 놓고 한바탕 전쟁이라도 치르지 않을 바에야 내버려두는 것이 손해를 보지 않는 선택이다.

일본의 정치인들은 왜 큰 소득이 없는데도 영토 분쟁을 일삼는 것일까? 그냥 가만히 놔둬도 될 일을 일부러 들쑤셔 문제를 만들고 있는 이유가 뭘까?

영토 문제는 나라끼리의 명예와 국민감정이 뒤섞인 까다로운 문제로, 잘못 대응하면 돌이키기 힘든 외교 문제로 비화된다. 그럼에도 일본의 일부 정치인들과 그들에 호응하는 국민들은 마치 센카쿠 열도와 독도에 일본의 자존심이라도 걸린 양 핏대를 세우며 중국과 한국을 비난하고 있다.

아베 총리를 비롯한 우익 정치인들은 일본이 중국에 대항하는 모습을 보이고, 한국을 배척하는 자세를 취함으로써 내부 결속을 꾀하고 지지율도 높이려는 의도를 가지고 있을 것이다.

그러나 오늘날 전쟁은 이겨도 져도 득이 되지 않는 게 대부분이다. 표면적으로 다른 주장을 하더라도 가능하다면 상대국의 국민감정을 자극하지 않도록 하면서 유연하게 넘어가는 태도가 필요하다. 이웃나라들과 옳고 그름을 가리는 흑백논쟁은 결코 이득이 되지 않는다고 다시 강조하고 싶다.

33

글로벌 자본주의에
싸게 팔리는 일본

외국인 노동자 유입의 결말은 무엇일까

자본주의의 기본 전략은 될 수 있는 한 값싼 노동력을 이용해서 우수한 제품을 만들고, 이를 될 수 있는 한 비싼 가격에 파는 것이다.

값싼 노동력을 얻기 위해서는 일정한 노동인구를 확보할 필요가 있다. 문제는, 세계의 선진국들은 어느 곳이나 마찬가지로 출생률 감소로 노동인구가 점점 줄어들고 있다는 점이다.

국내에서 값싼 노동력을 얻을 수 없게 된 기업들은 개발도상국으로 공장을 이전하려고 한다. 이런 방식으로 부를 쌓는 것을 '글로벌 자본주의'라고 부른다.

　　아직까지 개발도상국에서는 높은 출생률 때문에 젊고 값싼 노동력을 확보하기가 쉽다. 하지만 그들의 경제 규모가 서서히 커지고 발전하다 보면, 언젠가는 남아돌던 노동 인구도 감소하고 임금도 상승하게 될 것이다.

　　노동자의 수입이 상승하는 것은 노동자를 고용하는 기업에게는 단점이 되지만 자본주의 전체로 보면 장점이기도 하다. 수입이 상승하면 구매력도 증가하기 때문이다.

　　단 노동자와 소비자가 비등해지면, 될 수 있는 한 임금은 낮추고, 제품은 더 비싸게 팔려는 자본주의의 기본 전략은 필연적으로 벽에 부딪히게 된다. 값싼 임금으로 노동력을 착취당한 사람들에게는 당연히 높은 소비력이 존재할 리가 없기 때문이다.

　　바로 여기서 글로벌 자본주의와 노동자소비자는 서로 행복해지기 위해 타협점을 찾을 필요가 있다. 앞으로 변화될 국면을 받아들이고, 이를 해결할 새로운 방식을 찾아야 하는 것이다.

물론 국가 간, 혹은 지역 간의 격차가 존재하는 한 가급적 값싼 노동력을 원하는 자본주의와의 갈등은 한동안 지속될 수 밖에 없다. 일본 기업들은 앞으로도 해외로 공장을 이전할 것이고, 일본에 남더라도 고용한 노동자들의 비정규화를 계속 유지할 것이다.

특히 국내에서 노동자를 충당해야 하는 건설업이나 서비스 산업, 그리고 농업 같은 1차 산업 분야에서는 일본인보다 임금이 저렴한 외국인을 고용하려는 움직임이 더욱 강해질 것이다.

이런 추세를 반영하듯, 글로벌 자본주의를 강력히 추종하는 현 정권은 외국인 노동자의 유입을 적극적으로 추진하고 있다.

현재 전국적으로 실시되고 있는 각종 토지 건설 사업에 값싼 노동력을 동원하기 위해 외국인을 유입할 계획을 세우고 있는 것이다. 예측하건대, 그러다 언젠가 그들이 필요 없다고 판단되면 내쫓을 생각까지 하고 있을 것이다.

일본은 유달리 동조압력이 강한 나라

프랑스는 제2차 세계대전 후의 고도 성장기에 출생률이 급속히 저하되자 주로 이슬람계 이민자들을 받아들였다. 하지만 경제가 정체되고 노동력이 남아돌게 되자 프랑스에서 원래 살던 사람들의 자손과 이민자의 자손들 사이에 마찰이 심해지며, 이들 간의 갈등이 사회 불안의 주요 원인 중 하나가 되었다.

얼마 전 이슬람교를 풍자한 만평을 실었던 프랑스의 한 잡지사가 이슬람 과격파들의 공격을 당해 12명이 살해된 사건이 있었는데, 이 일의 배경에도 분명 이러한 문제가 원인으로 작용했을 것이다.

프랑스로 이민을 간 외국인 아이들 대다수는 수입이 적고 열악한 교육환경에서 성장하기 때문에 제대로 된 직업을 구할 수 없고 미래에 대한 희망조차 가지기 힘들다.

그들은 이민 1세대인 부모와 달리 프랑스어밖에 못하고, 설령 부모의 조국으로 돌아가도 받아줄 곳이 없다. 또한 외양에서 확실하게 이민자의 핏줄임이 드러나기 때문에 이슬람 혐오자들로부터 계속해서 차별을 받아 왔다.

그렇게 차별을 받고 분노한 젊은이들이 자폭 테러나 극렬한 범죄에 뛰어드는 것을 예방하기는 대단히 어렵다. 그들 대다수는 1950년부터 1970년대의 고도 성장기에 프랑스 정부가 노동자들에게 제공한 도시 근교의 값싼 임대 아파트에서 살고 있다.

이른바 '격리 구역'이라고 할 수 있는 그 동네에서는 무직의 젊은이들이 공공기물 등의 파손 행위나 통행자들에 대한 폭행, 상점들을 대상으로 한 강도 행위를 반복해서 경찰관도 두려워서 들어가지 못할 정도다.

이런 일들이 계속 발생하자 프랑스 내부의 이슬람 혐오는 더욱 심해지고 있고, 그것은 더욱 이민계 주민을 향한 증오를 부추기는 악순환으로 작용하고 있다. 현재 프랑스 인구의 약 7퍼센트에 달하는 많은 사람들이 이 격리 구역에 거주하고 있다고 하니, 이 문제는 해결되기 쉽지 않을 것이다.

자유, 평등, 박애를 부르짖는 프랑스조차 이런 상황인데, 하물며 동조압력이 유독 강하고 이질적인 타자를 감정적으로 배제하는 경향이 강한 일본에서는 더욱 심각한 문제가 생길지도 모른다.

일본은 오랫동안 외국인 노동자, 특히 단순 노동자들에게 문호를 크게 열지 않았는데, 글로벌 자본주의를 맹종하는 현 정권은 장래의 혼란은 전혀 고려하지 않은 채 대기업의 단기적 이익을 위해 외국인 노동자를 무분별하게 받아들이고 있다.

이처럼 계획 없이 외국인 노동자를 마구잡이로 받아들이게 되면 프랑스에서 발생했던 유사한 문제들이 빈발하게 될 것이다. 게다가 그런 사태들을 미리 예방하기 위해서는 막대한 안전 비용이 필요한데, 그 금액은 오히려 외국인 노동자를 받아들여 글로벌 자본주의로 벌어들이는 이익을 크게 웃돌 것이다.

아베 총리와 현 집권 세력은 입만 열면 아름다운 일본을 만들자, 사사건건 함부로 대드는 중국이나 한국을 혼내주자 등등의 말은 그럴듯하게 하지만, 그 속에는 국민의 기본권을 제한하고 군사 산업을 포함한 글로벌 자본주의의 단기적 이익을 추구하려는 속셈이 도사리고 있다.

그들의 그런 태도는 일본의 사회 시스템을 파괴하겠다는 의지 표명에 다름이 없음을 확실하게 알아야 한다.

글로벌 자본주의에 싸게 팔리는 일본

사회적인 마찰을 줄이고 제대로 공생하는 방법은 상대의 종교나 생활 관습에 대해 가타부타 간섭하지 않는 것이지만, 일본인들이 외국인 노동자들에게 그렇게까지 배려할 가능성은 높지 않을 것이기에, 이는 어려운 얘기다.

특히 노동인구가 남아돌면 서로 일을 빼앗으려는 상태가 될 것이다. 가상의 적을 만들어놓고 국민적 불안감을 야기해서 구심력을 얻으려는 지금의 집권 세력이 계속 이어진다면, 어느 쪽이든 불만이 쌓여 사회 전체가 혼란스러워질 것이다.

일본의 사회 시스템이 질서를 유지할 수 없게 되어 무법 상태가 되면 글로벌 자본주의로 돈을 벌던 기업들은 잽싸게 일본을 버리고 외국 어딘가로 도망칠 것이 분명하다.

그들은 자신들의 이익만을 찾아 떠나고, 남아 있는 일본 국민들에게는 흙길이든 꽃길이든 알아서 하라는 무책임한 태도를 취할 것이다.

물론 다른 시나리오도 있다. 외국인 노동자의 자녀들에게도 일본인과 동일한 공교육을 받게 하고 선거권도 부

여하면서 차별 없이 대우를 받도록 하는 정권이 나타나면
어떨까?

　　현재 일본 내에서도 여러 민족이 거주하고 있고, 일본
인과 그들 간의 혼혈인도 많기에 크게 문제될 일은 없을 것
이다. 게다가 글로벌 자본주의와 완전히 결별하지 않으면
서, 일본의 필요를 나름대로 충족시킬 수 있는 방법도 된다.
　　어떤 출신의 사람이 살든 전쟁을 하지 않고 세계의 여
러 나라들과 사이좋게 지내면 일본 열도에 살고 있는 누구
라도 그 나름대로 행복하게 살 수 있을 것이다.
　　하지만 일본의 미래에 대해서는 조금도 관심 없이 오
로지 현재의 상황에만 발이 묶여 있는, 오만하면서도 아둔
한 현재의 집권 세력이 존재하는 한 일본의 장래는 비참한
결말을 맞을 게 뻔하다.

34
지구온난화보다
지구한랭화가 더 두렵다

지구의 온도가 변하는 진짜 이유

일본 정부는 원자력 발전을 계속하려는 구실로 이산화탄소CO2를 악의 근원으로 취급하지만 인위적인 CO_2의 증가가 지구온난화의 중요한 원인이라는 가설은 이미 무너진 지 오래다.

CO_2는 확실히 온난화를 일으키는 요인 중의 하나이긴 하지만 온난화 자체에 기여하는 바는 매우 적은 편이다. 사실 지구의 기온은 인위적인 것과는 무관한 요인에 따라

변동하고 있다.

기원전 6000년경 최종 빙하기인 '울름Ulm 빙하기'가 끝나자 지구의 기온은 현재와 비교해서 섭씨 1.5도 정도 높아졌고, 그 정도로 온난한 시기는 3000년 정도 계속되었다.

이 시기는 일본의 '조몬시대文時代'*에 해당하는데, 당시 아오모리의 산나이마루산 유적지를 보면 밤을 재배해서 식용으로 사용했을 정도로 따뜻했음을 알 수 있다.

그런데 기원전 3000년경부터 기온이 다시 서서히 내려가기 시작하더니 기원전 1000년쯤에는 현재와 비슷한 기후가 형성되었다. 산나이마루산이 밤을 재배할 수 없을 정도로 서늘한 지역으로 바뀌기 시작한 시기는 기원전 2000년경으로 보인다.

그 후 기온은 950년쯤부터 다시 상승해 1250년 정도까지 중세 온난기라고 불리며, 현재보다 섭씨 0.5도 이상 높았다.

---

* 일본의 신석기시대 중에서 기원전 13000년부터 기원전 300년까지의 시기.

지금은 빙하와 눈으로 가득한 북극권의 그린란드Green-land는 이름 그대로 초록의 대지였다. 이곳에 처음 발을 디딘 개척자들은 농사를 하거나 돼지를 사육하며 살았다.

그러다 1250년쯤부터 지구의 한랭화가 진행되며 소빙기小氷期, Little ice age라고 불리는 시대로 접어들었고, 1850년 정도에 이르러서야 기온이 다시 올라가기 시작했다.

이 같은 기온 변화는 결코 인위적인 게 아니다. 조몬시대에 인류가 CO2의 농도를 인위적으로 상승시켰다는 건 있을 수 없는 것과 같은 이치다.

지난 1000년 동안 기온 변화의 가장 큰 원인으로 주목할 것은 태양의 활동이다. 이 기간 동안 태양의 활동이 저하된 시기가 5번이나 있었다.

태양의 활동이 저하되면 흑점* 수가 적어진다. 이것을 태양 활동의 극소기Solar minimum라고 부르는데, 이때는 태양 활동이 거의 없는 시기로 과학자들은 이때 지구의 기온

---

* 1611년 갈릴레이가 망원경 관측으로 처음 발견했다. 태양 표면에 있는 기체에 다수의 소용돌이가 생기는 것으로, 이 부분의 온도가 1500~2000도 정도로 다른 부분보다 약간 낮아서 검게 보이는 부분을 말한다.

이 저하된다는 것을 알게 되었다.

조금 전문적이지만, 그래도 이해를 돕기 위해 설명하면 이 기간 동안 극소기는 1010~1050년의 오르트 극소기Oort minimum, 1280~1340년의 볼프 극소기Wolf minimum, 1420~1530년의 스푀러 극소기Spörer minimum, 1640~1715년의 마운더 극소기Maunder minimum, 1790~1820년의 댈튼 극소기Dalton minimum로 나뉜다. 오르트 극소기는 시기가 짧았고 당시에 지구의 온난기가 지속되었기 때문에 기온이 급격하게 떨어지는 일은 없었지만, 이후 다른 4개의 극소기 때는 지구의 한랭화가 꽤 진행되었다는 사실을 알 수 있다

특히 '마운더 극소기' 때는 전 세계적으로 작물 재배를 할 수 없어서 대규모의 기아 상태가 이어졌다. 그때는 지금보다 섭씨 1도 정도 낮았을 뿐이었는 데도, 그런 사태에 이르렀던 것이다.

온난화는 식물의 생산량을 늘려 인간 생활을 풍부하게 하지만 한랭화는 광합성을 방해해서 작물의 생산량을 감소시키기 때문에 기아를 일으키고 식량을 둘러싼 분쟁의 원인이 된다.

다행히 소빙기는 19세기 중반에 끝나서 지구는 다시

온난기로 들어갔다. 이것 또한 태양 활동이 활발해져 흑점 수가 많아진 것이 원인이었다.

20세기에 들어와 CO_2의 농도는 약 300ppm에서 현재는 약 400ppm까지 증가하며 지구의 평균기온도 섭씨 0.7도까지 상승했다. 그러나 CO_2의 증가와 기온 변화가 평행이 아니라는 사실은 이미 과학적으로 입증된 사실이다.

1900년부터 1940년까지 전 세계적으로 CO_2의 농도가 300ppm에서 310ppm까지 상승했고 평균기온은 0.4도 정도 올랐는데, 1940년부터 1970년까지는 CO_2가 310ppm에서 325ppm까지 상승했음에도 불구하고 기온은 섭씨 0.2도 정도 하락했다.

그 후 기온은 1997년까지 섭씨 0.5도 정도 상승했고, CO_2농도도 급격히 상승했지만 1997년 이후 기온의 상승은 멈춘 상태다. 물론 CO_2 농도는 올라가고 있지만 말이다.

이것이 의미하는 바는 기온 변동과 CO_2의 인위적 상승은 대체로 인과관계가 없다는 것이다. 오히려 CO_2 농도보다 태양의 활동이 기온에 더 큰 영향을 미친다고 볼 수 있다. 태양의 활동이 저하됐던 1940년부터 1970년까지, CO_2

농도의 상승에도 불구하고 기온이 하락했던 것을 보면 알 수 있다.

따라서 현재는 태양의 활동이 저하되었기 때문에, 우리가 미래의 기온 변동으로 걱정해야 할 부분은 온난화보다도 오히려 한랭화다. 지구는 이미 소빙기에 돌입해가고 있으며, 인위적으로 올라간 CO_2 농도에 의해 기온이 정상 상태를 유지할 것이라는 가능성도 있다.

그렇다면 CO_2는 배출하는 편이 좋다는 말이 된다. 일본에서는 정치적인 이유로 인해 인위적 온난화를 신봉하도록 하는 동조압력이 강한데 나는 온난화 대책에 돈을 사용하는 것보다 한랭화에 대비하는 편이 좋다고 생각한다.

미래의 지구 온도 변동은 지금의 과학으로는 정확하게 예측할 수 없다. 북극의 해수가 감소하는 경향을 보이는데, 이는 지난 10년 간 거의 같은 레벨이고, 남극의 해수는 관측 사상 최대치를 갱신하고 있다. 앞으로 어떻게 될지는 아무도 알 수 없다.

일본은
최대다수 최대행복을
실현할 수 있을까

2015년 12월, 후쿠이福井 지방재판소는 후쿠이현의 다카하마 원자력 발전소 3호기와 4호기의 재가동을 인정하지 않는다는 가처분 결정을 내렸다. 그러자 정부와 재계는 이 판결이 마음에 들지 않았는지 관방장관까지 직접 나서서 재가동을 진행하는 방침에는 변함없다고 목소리를 높였다.

정부로서는 전력회사의 단기적 이익을 위해 멈춘 원자력 발전을 가급적 빨리 가동하고 싶었을 것이다. 원자력 발전은 멈추든 폐로가 되든 유지에 비용이 들기 때문에 전력회사의 이익을 위해서라면 가동하는 쪽이 이득이기 때문이다.

그러나 언제 어디서 대지진이 일어날지 예측할 수 없는 일본에서 원자력 발전소를 가동하는 것은 50년이나 100년 단위의 장기적인 관점에서 봤을 때 거의 자살행위에 가깝다.

후쿠시마 제1 원자력 발전소와 비슷한 사고가 계속해서 일어나면 일본은 꽤나 힘든 상황이 될 것이다. 사고가 일어나면 오염된 토지는 100년 가까이 주거지나 농경지로 사용할 수 없고 일본산 농작물은 국제 경쟁력을 잃게 된다.

일본이 방사능 오염으로 위험해지면 다국적 기업과 거기서 돈을 벌어들인 부자들은 일본을 등지고 방사능 오염이 없는 안전한 외국으로 떠날 것이다.

현 정부는 입만 열면 고용 창출, 여성 노동력 활용, 임금 상승, 지방의 활성화 등을 떠벌리지만 실제적인 성과는 주가가 조금 상승한 것과 대기업의 사원들 월급이 조금 올랐다는 것뿐이다. 이는 대다수 국민들과는 전혀 상관없는 이야기로, 실상은 실질임금이 내려가서 저소득층의 생활은 더 힘들어지기만 했다.

어느 여론조사에서 원자력 발전소의 재가동에 반대

하는 국민이 약 60퍼센트, 찬성이 30퍼센트, 아베노믹스에 의한 경기 회복을 실감하지 못하는 국민은 80퍼센트에 가까운 것으로 나타났다.

그럼에도 불구하고 이상하게도 현 정권의 지지율은 40퍼센트를 유지하고 있으니 귀신이 곡할 노릇이다. 입만 열면 번지르르한 거짓말만 일삼는 아베 총리는 미국이나 유럽의 지식인들에게는 평판이 지극히 나빠서 시대에 뒤떨어진 정치인으로 딱지가 붙어 있다. 그렇기 때문에 대다수 외국인들은 아베 총리가 이끄는 현 정권을 지지하는 일본 국민들을 우습게 여길 게 분명하다. 그런데 수많은 외국인들도 이상하게 여기고, 많은 국민들이 반대하는 현 정권은 왜 지지자가 그렇게나 많은 것일까?

아동 양육수당이나 고속도로 무료화라는, 재정적으로 불가능한 포퓰리즘으로 정권을 잡은 적이 있는 민주당의 정책은 너무나도 거짓투성이여서 그들에 비하면 그마나 자민당 쪽이 낫다고 생각하는 국민들이 많은 게 첫 번째 이유일 것이다.

이 상황을 타파하기 위해서는 현재 집권 세력에 좌지우지되는 자민당 대신 유연성 있는 안목을 지닌 보수 정당을 만들 필요가 있다고 본다.

또 하나의 이유는 버블경제 붕괴 후에 꿈도 희망도 갖지 못한 채 욕구불만이 쌓여 가고, 그런 감정의 해소를 원하던 일부 일본인들에게 아베 총리가 중국과 당당하게 다투고, 한국과도 사사건건 충돌하는 모습이 자신들의 비참함을 구해줄 구세주처럼 보였다는 것이다. 이들 대다수는 빈곤층이라는 특징을 갖고 있다.

물론 그들만으로는 권력을 유지하기 어려우니, 현 정권은 조금만 인내하면 아베노믹스의 영향력이 대다수 국민들에게 미칠 것이라며 계속 말하고 있다.

그러나 아베노믹스의 가면은 벌써 벗겨진 지 오래다. 이제 일본 국민도, 정부도 돈을 버는 일만을 목표로 삼고 그를 위해 일치단결해서 힘을 내는 종래의 사회 모델에 매달리는 걸 그만둘 필요가 있다.

사람들이 동조압력에 사로잡혀서 정권이 엉뚱한 방향으로 내달리게 만드는 주요 원인 중 하나는 돈이 없으면 힘들게 될 거라는 초조함과 공포다.

닫으면서

게다가 에너지와 자원, 그리고 인구는 앞으로도 계속 상승 곡선을 보일 수는 없기 때문에 언젠가 글로벌 자본주의는 여지없이 좌초될 것이다. 이제부터 세상이 그렇게 되기 전에 될 수 있는 한 빨리 종래의 경제 모델로부터 벗어나 최대다수의 최대행복을 실현하는 사회를 만들어야 한다.

인간의 행복을 이루는 것은 돈이 아니라 그 사람만의 고유한 시간을 지혜롭게 사용하도록 만드는 것이라는 사실을 보다 많은 사람들이 이해하고, 각자의 개성과 다양성을 존중하는 사회가 오기를 기원한다.

어느 한쪽을 선택해야 하는 다수결은 위험하다.
다수결로 결정된 결과가 항상 옳지는 않다.
가정에서부터 사회에 이르기까지 다수의 의견과
다른 소수는 약자가 되기 쉽고 밀려나기 십상이다.
그러니, 소수자의 목소리에 항상 귀를 기울여라.
세상의 모든 변화는 다수의 의견이 아닌
누군가의 작은 목소리에서부터 시작된다!

옮긴이 **이정은**

고려대학교를 졸업하고 일본 히토쓰바시대학 대학원에서 석사학위와 '한일 근대
의 인쇄 매체를 통해 나타난 근대여성 연구'라는 주제로 박사학위를 받았다. 현
재 일본에서 대학강사로 활동하고 있다. 번역서로 《라이프 Life》, 《곁에 두고 읽
는 니체》, 《살아남는다는 것에 대하여》, 《나무늘보라도 괜찮아》 등이 있다

소수의견을 외치는
당신이 세상을 바꾼다

초판 1쇄 인쇄일 2018년 10월 04일
초판 1쇄 발행일 2018년 10월 10일

지은이	이케다 기요히코		
옮긴이	이정은		
발행인	이승용		
주간	이미숙		
편집기획부	송혜선 박지영 양남휘	**디자인팀**	황아영 한혜주
마케팅부	송영우 김태운	**홍보마케팅팀**	조은주 전소현
경영지원팀	이루다 김미소		

발행처 |주|홍익출판사
출판등록번호 제1-568호
출판등록 1987년 12월 1일
주소 [04043] 서울 마포구 양화로 78-20 (서교동 395-163)
대표전화 02-323-0421 **팩스** 02-337-0569
메일 editor@hongikbooks.com
홈페이지 www.hongikbooks.com

제작처 갑우문화사

파본은 본사나 구입하신 서점에서 교환하여 드립니다.
이 책의 내용은 저작권법의 보호를 받는 저작물이므로 무단 전재와 무단 복제를 금합니다.

ISBN 978-89-7065-656-4 (03300)

이 도서의 국립중앙도서관 출판예정도서목록(CIP)은
서지정보유통지원시스템 홈페이지(http://seoji.nl.go.kr)와
국가자료공동목록시스템(http://www.nl.go.kr/kolisnet)에서 이용하실 수 있습니다.
(CIP제어번호: CIP2018030788)